COLLECTION S. FISCHER

Josef Haslinger

# Hausdurchsuchung im Elfenbeinturm

Essay

Fischer Taschenbuch Verlag

Herzlichst

Josef Haslinger

Wien, 4.4.97

Collection S. Fischer
Herausgegeben von Uwe Wittstock
Band 88
Veröffentlicht im Fischer Taschenbuch Verlag GmbH,
Frankfurt am Main, September 1996

Druck und Bindung: Wagner GmbH, Nördlingen
Printed in Germany
ISBN 3-596-22388-1

Für Carlos Feiling

# Eins

Im Jänner 1986 eröffnete der damals schon todkranke Schriftsteller Hubert Fichte die *Wiener Vorlesungen zur Literatur.* Obwohl er den Beginn seines Vortrags in einem geheizten Nebenraum abgewartet und sich auch nach der Anzahl der mittlerweile eingetroffenen Zuhörer erkundigt hatte, betrat er den Saal in einem Pelzmantel, als käme er gerade von draußen. Der Pelzmantel war lang und auffällig, Polarfuchs vermutlich. Hubert Fichte gab sich damit, wie das in der neueren Musikszene heißt, als ein MC, ein Master of Ceremony, zu erkennen, dem das Inszenatorische eines Dichtervortrags, zu dem auch der theatralische Auftritt gehört, zu wichtig ist, um schon vorher in Sichtweite des Publikums herumzulungern, bis endlich der Leiter des Literaturhauses sich auffällig hinstellt, seine Blicke durch den Saal schweifen läßt und sich räuspert: »Ich denke, wir können jetzt beginnen. Guten Abend meine Damen und Herren, ich freue mich…«

Ein Autor, der es leid ist, vor jedem Auftritt die Fragen »Wie war der Flug?« und »Ist das Hotelzimmer in Ordnung?« zu beantworten und seine Zeit beim Backstagegefummel in Literaturhäusern mit Honorarnoten und Fahrtkostenformularen zu vergeuden. Hubert Fichtes Auftritt sollte nicht den Anschein erwecken, als habe sich hier jemand mit Taschenspiegel, Kamm und Mundspray auf seine Rolle als vortragender Dichter vorbereitet, sondern als sei der, der hier pünktlich in letzter Minute, also mit der üblichen fünfzehnminütigen

Verspätung hereinrauscht, ganz und gar er selbst, gleichsam der Dichter, der aus der Kälte kommt.

Die Menschen saßen dicht gedrängt im Halbrund, aber Hubert Fichte, in seinem fast bodenlangen Polarfuchs, schien sie gar nicht zu beachten. Er zog das auffällige Prachtstück in einem eleganten Schwung aus und warf es über den Rand des Vortragstisches. Der Schwung war wichtig. Denn das, was einen Fuchspelz ausmacht, seine Geschmeidigkeit und sein feiner aber dichter Langhaarbesatz, kommt am besten am Ende einer Bewegung zur Geltung, wenn die Substanz des Mantels schon ihre Ruhelage eingenommen hat, die Härchen an den Knickstellen aber noch einen Augenblick lang nachflimmern. Da lag also dieser Pelzmantel am Rande des Vortragstisches, in herausfordernder Unschuld, als wäre er eine Kaffeetasse von Meret Oppenheim. Der Polarfuchs schwieg, und die, die ihn anschauten, schwiegen auch.

Diese Stille war nicht das übliche Schweigen der Höflichkeit, das den Gast einladen soll, das Wort zu ergreifen, sondern sie hatte etwas Angespanntes. Während Fichte von der Tür zum Tisch ging, um dort den imposanten Ausstellungsgegenstand abzulegen, verschob sich die Wahrnehmung des Geschehens. Was im ersten Augenblick wie ein Hereinplatzen des Lebens in die Rituale einer Dichterlesung aussah, wurde schnell als neue, ungewohnte Form der dichterischen Selbstdarstellung durchschaut. Dennoch löste sich die Stille nicht in einem Ausatmen und Zurücklehnen, einem Räuspern und Lächeln oder in einer kurzen Bemerkung zum Nachbarn auf. Im Gegenteil, sie spannte sich weiter an, zu einer fast panischen Atemlosigkeit, als hätten alle Angst gehabt, es könnte jemand im Raum sein, der das Artifizielle dieser Inszenierung für echt nimmt. Als stände zu befürchten, daß irgendein der Unterscheidung von Kunst und Alltag nicht mächtiger Idiot eine Spraydose zu schütteln beginne, um gegen den Pelzmantel vorzugehen. Bitte, bitte, so beschwor die Kunstgemeinde in ihrer Lautlosigkeit den Alltagstrottel, der sich irgendwo, am Ende gar ins uns selbst, versteckt halten könnte, bitte, komme jetzt nicht mit deinen spontanen Reaktionen, sondern bedenke zuvor noch folgendes: Wenn der Dichter und Ethnologe Hubert Fichte erstens einen Polarfuchs trägt und ihn zweitens nicht an der Garderobe abgibt, sondern demonstrativ im Saal vorführt, dann ist das weder Zufall noch politische Unbedarftheit, sondern vermutlich eine in provokantem Rollenspiel vorgebrachte ästhetische Botschaft, der man nicht mit Alltagsreaktionen – etwa: »So ein eitler Geck!«, oder: »Wie halten Sie es eigentlich mit den Lebensrechten von Tieren, Herr Fichte?« – begegnen dürfe, sondern mit einer zunächst distanziert abwartenden, aber sobald wie möglich genießenden Haltung, die, wenn man Glück hat, einen Abend lang andauern kann, letztendlich aber im Schlußapplaus auf sanfte Weise in den Alltag mit seinen Tierrechten und Eitelkeiten zurückgeführt wird.

Wollte Fichte sein Publikum provozieren oder wollte er ihm nur imponieren? Im Literaturbetrieb sind Provokationen selten geworden, sie sind geradezu ein Glücksfall. Und daß man selber unter den Provozierten sein könnte, ist geradezu unvorstellbar. Provokationen gelten stets den anderen, wer immer sie sein mögen. Konservativ-christliche Politiker und dogmatische Kardinäle, von vielen Autoren einst als Idealleser imaginiert, sind – gemessen am kalkulierbaren Furor der islamischen Geistlichkeit – als Zielpublikum ausgereizt. Nicht einmal mehr der katholische Familienverband will in die Bresche springen. Einzig auf dem Sektor privater Ehrenbeleidigungen wäre mit Hilfe eifriger Kulturjournalisten noch etwas zu holen. Aber haben die Privatpersonen keinen öffentlichen Status, versagen die Kulturjournalisten, haben sie einen, versagen die Personen, weil ihnen eifrige Berater mittlerweile den Mechanismus, der hier in Gang gesetzt werden soll, verraten haben. Mir selbst ist auf diese Weise ein außerästhetisches Surplus entgangen. So hat Alessandra Mussolini, die in meinem Roman *Opernball* erwähnt wird, zwar der Zeitung *Corriere della Sera* gegenüber angekündigt, sie werde mich verklagen, aber aus Gründen, die ich zu verstehen befürchte, diesen Schritt dann doch unterlassen.

Von solchen Fällen des verweigerten Konflikts abgesehen, steht das Publikum gewöhnlich auf der Seite des Künstlers. Doch selbst diese Position wird, wie die des Klägers, immer lustloser eingenommen. Zwar läßt sich der Künstler gegen die banausischen Angriffe der anderen gut verteidigen, aber man verliert andererseits schnell das Interesse an der Sache, da man sich nicht herausgefordert fühlt. Dennoch: Eine wirkungsvollere Werbung als das, was er in seinem Pressekommuniqué Rufmord nennt, ist für einen Künstler in unseren Breiten schwerlich zu haben. Besser wäre nur die Zensur, aber die Bezirksrichter verirren sich heutzutage recht selten in die Gefilde der Kunst.

Im Frühjahr 1996 war in Deutschland ein kleines Aufflackern davon spürbar. Ein privater Tugendwächter verwechselte Homosexualität mit Pornographie. Nach jahrelanger vergeblicher Suche fand er schließlich den nach Thüringen zugewanderten fränkischen Staatsanwalt Hönninger, der sich in seiner beruflichen Tätigkeit überflüssig genug vorkam, um sich durch ein Buch des Comic-Zeichners Ralf König vom juristischen Handlungsbedarf überzeugen zu lassen. Was als landesweite Großfahndung nach erotischer Literatur gedacht war, erstickte schnell in ineffektiver Durchführung und Widerstand von allen Seiten. Immerhin erhielten die indizierten Werke Schlagzeilen und kamen auf diese Weise auch in das Schaufenster der Connewitzer Verlagsbuchhandlung in Leipzig. Aber der Besitzer, dessen Zivilcourage in DDR-Zeiten etwas Legendäres hatte, war sich nicht sicher, ob das Thema Zensur unter marktwirtschaftlichen Bedingungen als Werbegag ausreicht. Daher gestaltete er das Schaufenster nebenan mit einem noch heißeren Realitätsbezug. Er stellte die Bücher aus, die Jan Philipp Reemtsma während seiner Entführung von den Tätern zu lesen bekommen hatte. Auf einer Tafel stand zu lesen: »Lassen Sie sich entführen!« Um dem Konsumenten zu signalisieren, daß es auch einfacher geht, wurde beim Wort *entführen* das *ent* durchgestrichen und darüber ein *ver* geschrieben.

Es wäre zwar falsch, die Masse der Bücherkäufer als eine Gemeinschaft zu bezeichnen – gar als Deutsche Lesergemeinschaft, denn kaufen und lesen sind zweierlei – aber dominierende Verhaltensweisen sind feststellbar. Insbesondere das Kaufverhalten gilt nicht nur als Angelegenheit privater Beglückung, sondern auch als moralischer und politischer Akt. Politisch korrekte Bücher, die künftige Ausschußware der jeweiligen Moden im Bereich der Weltanschauung, haben zwar kaum Chancen, gelesen zu werden, weil der knappe Inhalt sich auch durch andere Kommunikationsformen in Windeseile verbreitet, so daß die Bücher gewöhnlich zu spät kommen, dafür werden sie aber um so lieber gekauft. Weltanschauung verlangt vor allem danach, im Regal zu stehen. Ein paar Jahre später entwickeln solche Bücher freilich die Neigung, sich hinter den anderen im Regal verstecken zu wollen oder Flohmärkte zu überschwemmen. Die Verlage haben mittlerweile gelernt: Bei der Verramschung von Weltanschauung muß man dem Einbruch des Marktes eine Spur voraussein. Was aber das Kaufverhalten im Falle des geringsten Zensurgerüchleins betrifft, so benehmen sich die Deutschen, als müßten sie sich selbst beweisen, daß sie ihre Lektion aus der Geschichte gelernt haben. Jede Aktion, die unter dem Titel »Rettet das von Zensur verfolgte Buch« auftritt, kann mit einem automatischen Käuferreflex rechnen.

Wenn andere – also Reaktionäre, Moralapostel, spießige Bildungsbürger etc. – herausgefordert werden, wissen wir, die Leser, wie wir uns zu verhalten haben. Schwieriger wird es freilich, wenn man sich durch ein Buch oder ein anderes künstlerisches Ereignis selbst provoziert oder zumindest irritiert fühlt. Dann hat man blitzschnell eine einfache Entscheidung zu treffen: Wer ist stärker, wir, die Gruppe der Provozierten, oder der Künstler und diejenigen, die sich reflexartig um ihn versammeln? Wer ist mächtiger, Botho Strauß oder die alt gewordene Neue Linke? Der jährlich aufs neue geliftete Ernst Jünger oder jene Kritiker, die in ihm schon den Nazi erkannt haben, als sie noch gar nicht auf der Welt waren? Ist der Künstler als politischer Schwachkopf und Dilettant herunterzumachen oder ist es wieder einmal opportun, sich einen anderen Blickwinkel zu suchen, der es erlaubt, aus der Rolle des Provozierten herauszutreten?

Im Zweifelsfalle ist letzteres ratsam. Für das rezipierende

Publikum, aber auch für diejenigen, die ein wenig mitmischen wollen. Die Angegriffenen, zu denen man sich selbst gerade noch zählte, sind schnell die anderen, und man kann durch Kopfnicken, Lachen, Applaudieren oder schriftliche Beifallsbekundungen deutlich machen, daß man nicht nur außerhalb des Kreises der Herausgeforderten steht, sondern die Provokationen auch noch für wichtig, gut, höchst an der Zeit, der kontroversen Diskussion nützlich, als möglicher Standpunkt durchaus vertretbar, oder einfach gelungen hält. Eine künstlerische Inszenierung, welcher Art auch immer, die nicht nur verärgern oder langweilen, sondern mit den Rezipienten etwas anstellen, ihnen »nahegehen« will, funktioniert nur noch, wenn sie dem Publikum ein Rollenspiel anbietet und ihm dabei die Chance läßt, sich spätestens beim Schlußapplaus aus der Affäre zu ziehen.

Für den im weitesten Sinne literarisch produktiven Menschen, der sich als Trittbrettfahrer oder Anheizer in die Debatte einmischen will, sieht die Entscheidung etwas anders aus. Für ihn ist das Rollenspiel kein reflexartiger Selbstschutz, sondern eine inszenatorische Aufgabe. Die undankbarste Rolle ist dabei die, auf der Seite der Mehrheit zu stehen. Mehrheiten gelten im ästhetischen Diskurs eo ipso als etwas Verachtenswertes. Für ein provokatives Anheizen der Öffentlichkeit hingegen muß man kurzfristig vielleicht ein paar Ohrfeigen einstecken, aber man wird für das Aus-der-Reihe-Tanzen auch unmittelbar durch größere Aufmerksamkeit entschädigt. Überdies kann man fest damit rechnen, daß jeder ästhetische Konsens, da mag er sich politisch und moralisch noch so gut abgesichert wähnen, bald zerbricht. Aber darauf zu bauen, ist nicht länger anzuraten. Denn Schweigen ist nur noch Silber.

Gold hingegen ist es, seinen Auftritt entweder gleich zur Gänze, oder als Serie mit kurzen Abständen über den Laufsteg zu bringen. Es ist nämlich nicht sicher, daß jemand, der sich heute großer Popularität erfreut, in zwei Jahren noch bekannt ist.

Für Künstler, insbesondere für solche, die »ins Leben« hineinwirken wollen, ist das insgesamt eine unbefriedigende Situation. Vielleicht ist das der Grund, warum Theatermenschen so gerne nach Wien gehen. Am Burgtheater zum Beispiel kann man es tatsächlich noch erleben, daß Zuschauer laut schimpfend die Vorstellung verlassen. Man sitzt ahnungslos im Zuschauerraum, hat keinen Muckser gemacht, hat sich womöglich gelangweilt, doch plötzlich bekommt die eigene Anwesenheit eine unerwartete Brisanz und man wird gleichsam automatisch der richtigen Seite zugeordnet, die im Theater zwar immer wie eine Mehrheit aussieht, sich aber gesellschaftlich als Minderheit fühlt: jenem Teil des Publikums, das bleibt und das damit bequem für die Freiheit der Kunst und das Recht des Theaters zu provozieren, demonstriert.

Was wird sein, wenn so etwas nicht mehr passiert? Müssen wir dann die Stücke als solche gut finden? Ich stelle mir vor, daß auf der Bühne, sagen wir, eine Frau ihr Menstruationsblut über das Gesicht eines gefesselten Kardinals rinnen läßt. Da steht einer im Publikum auf und mault: »Was soll dieser traditionelle Schmonzes?« Da säße man schön blöd da. Man müßte sich fragen, ob man eine Entwicklung verschlafen hat und in der satten Gewißheit, ohnedies der ästhetischen Avantgarde anzugehören, plötzlich unversehens auf der Seite des ästhetischen Mehrheitskonsenses gelandet ist.

Man kann solche Phänomene auch im Bereich sozialer und weltanschaulicher Bewegungen beobachten. Politiker zum

Beispiel, die längst Machtträger – Stadtrat, Minister etc. – geworden sind, aber privat immer noch auf einem Nimbus beharren, als wären sie Oppositionelle. Das hat etwas Tragisches. Gesellschaftliche Rollenspiele mitzumachen, aber dann so zu tun, als würde man sie nicht mitmachen, kann selbst dann, wenn es persönliche Stärke sein sollte, nur als Schwäche wahrgenommen werden.

Ein Teil der Wiener Theaterkultur hat, so wie ein Teil der politischen Kultur, etwas rührend Veraltetes. Die traditionellen Theater sind noch auf das Abonnement-Publikum gegründet, die traditionellen Parteien auf Mitgliedschaft. Ist das System auch weitgehend im modernen Konsumverhalten, das ja in hohem Maße auf sogenannte kulturelle Güter aus ist, erodiert, so schlagen doch hin und wieder noch die traditionellen Strukturen durch. Das macht sowohl das Theater- als auch das politische Leben aufgeregter, wenngleich nicht unbedingt aufregender, als in vergleichbaren westeuropäischen Ländern.

So wurde etwa im höchsten Regierungsgremium, im Ministerrat, ernsthaft darüber diskutiert, ob einer, der seit Jahren Direktor des Wiener Burgtheaters ist, die sittliche Reife hat, österreichischer Staatsbürger zu werden. Umgekehrt bemüht sich das Burgtheater, sein österreichisches Stoßtrüppchen von Autoren zur Kenntlichmachung jener traditionellen Instanzen der politischen Reaktion heranzuziehen, die solche Skandale aufs Tapet bringt. Das Problem dabei ist: Das Spiel funktioniert nur noch mit künstlicher Beatmung. Denn diejenigen, die sich durch Inhalt und Darstellung eines Stücks getroffen fühlen könnten, gehen kaum noch ins Theater, die anderen haben, auch wenn sie der konservativen politischen Elite angehören, ethische Instanzen längst durch ästhetische Rollenspiele ersetzt. Auch sie finden ihr Glück nicht mehr im machtvollen Durchsetzen von Grundsätzen, letztlich im Gewinnen des »letzten Gefechts«, sondern in den Zerstreuungen und Befriedigungen des Augenblicks, im lustvollen Spiel von Machtstrategien für die überschaubare Jetztzeit. Man hat entweder gepunktet oder gelacht. Ein solches ästhetisches Weltverhalten ist an Rollenspiele so sehr gewöhnt, daß es gegen künstlerische Provokationen mehr oder weniger immun ist. Die dabei weggespielte Wut ist gesammelt in jene Künstler gefahren, die vergeblich dagegen moralisch argumentieren. Es geht hier nicht darum, wer recht hat. Wenn die Leute sagen, Josef Haslinger mag recht haben, aber Jörg Haider ist lustiger, dann sieht es für Josef Haslinger schlecht aus.

Ein Autor, der, einem traditionellen Muster folgend, versucht, politisch oppositionelles Prestige dadurch zu gewinnen, daß er gleichsam mit der Brechstange einen Teil des Publikums aus der genießenden Haltung herausbricht, kann nur erfolgreich sein, wenn das Publikum auf ein solch traditionelles Muster noch anspricht. Ist das nicht der Fall, schadet sich der Autor selbst. Denn die Spuren, die eine solche Brechstangenaktion in einem literarischen Werk, einem Roman oder einem Stück, hinterläßt, sind meist so verheerend, daß letztlich auch das auf ästhetische Rollenspiele konditionierte Publikum unbefriedigt bleibt und nur noch jene mechanischen Schulterklopfer ausharren, die sich parasitär um alle öffentlichen Figuren ansammeln. Bleibt der Skandal aus, ist ein solches Werk verloren.

Auch die neuere, zu Zeiten des Thomas Bernhard noch sehr wirksame Strategie, den Skandal ins Vorfeld der Premiere zu verlegen, ihn etwa durch eine inszenierte Geheimniskrämerei um die Textvorlage als mediale Ouvertüre zu inszenieren, lief sich tot, als es zum fünften Mal den Skandal nur noch in der Vorauspresse gab, das Publikum sich bei der Premiere, der Skandalpresse zum Trotz, gerade noch begeistert zeigte – aber dann gemeinsam mit der Skandalpresse ausblieb. Der einzige Kampf, den das kultivierte österreichische Publikum noch für lohnenswert hält, scheint der gegen die inferiore Medienlandschaft zu sein.

## Zwei

Hubert Fichte war nicht auf vordergründige Provokation aus. Seine Rolle war die des Exoten, auf den der Bildungsbürger immer scharf ist, insbesondere dann, wenn das Fremde als ästhetisches Ereignis und nicht als soziales und finanzielles Desaster in Erscheinung tritt. Bevor er zu sprechen begann, umsäumte Fichte sein Manuskript mit einem Kranz von Korallen und Muscheln. Dann erst war jenes feierliche und entrückte Ambiente geschaffen, das des eigenen Vortrags würdig war:

»Ich möchte auch, um meine Freunde, um die Stadt Wien und vor allem, um den großen Lohenstein, den größten deutschen Dichter vielleicht, nicht zu enttäuschen, recht würdig sein und habe mich auch bemüht, in angemessener und phantasievoller Kleidung, zum Beispiel, in dieser Stadt, die ich sehr liebe, einzutreffen. Dennoch: Ich muß Sie warnen. Sie wissen es möglicherweise schon, ich bin ein Schriftsteller, der sich in seinem Leben mehr mit Strichjungen, Straßenmädchen und Vaudoupriestern herumgetrieben hat, als mit den wichtigen Persönlichkeiten, mit denen man als ein Schriftsteller umgehen sollte. Und ich glaube überdies, daß Strichjungen, Straßenmädchen und Vaudoupriester, denen man in einem großangelegten Pogrom in letzter Zeit alles Üble anzuhängen versucht, um damit von den wirklichen Übeln unserer Zeit abzulenken, ich glaube, daß Strichjungen, Straßenmädchen und Vaudoupriester sehr wichtige und aufopfernde Tätigkeiten ausüben, künstlerische Tätigkeiten, wenn man sie recht betrachtete, hygienische, psychoanalytische, poetische, ich meine, sie gehören zu den letzten großen Wohltätern auf der Erde.«

Ein starker Anfang. Das Publikum hatte dazu einen Polarfuchspelz und eine Reihe offenbar magischer Gegenstände vor sich, ohne deren Geheimnis je zu erfahren. Kunstverständnis und Alltagsverständnis rieben aneinander und wollten sich nicht versöhnen. Die Lösung konnte doch nicht ein lächerlicher Aberglaube sein. So blieb die Spannung, die durch das Eingangszeremoniell und den Beginn des Vortrags aufgebaut wurde, zunächst erhalten. Aber dann brach sie ein. Als Fichte das Publikum in seine poetische Inszenierung miteinbeziehen und Textpassagen von Lohenstein vortragen lassen wollte, gab es da und dort merklichen Widerstand. Die einen wollten ihm nicht folgen, weil das jenseits der kulturellen Abmachung war. Es ist zwar vorgesehen, daß das Publikum am Ende einer Lesung Fragen stellt, zum Beispiel die nach der Bedeutung der um das Manuskript aufgereihten Gegenstände, aber daß es dem Dichter einen Teil seiner Lesearbeit abzunehmen habe, steht nicht in dem zwar ungeschriebenen aber um so wirksameren Kontrakt, der die rituelle Bezugnahme von Autoren und Publikum regelt.

Andere haben sich Fichtes Ansinnen möglicherweise deshalb verweigert, weil sie mittlerweile enttäuscht waren, daß das Leitmotiv der starken Ouvertüre in den folgenden Akten nicht mehr aufgenommen wurde. Da wird ein Pelzmantel drapiert, da werden magische Gegenstände aufgereiht, da wird ein sündhafter Lebenswandel beschworen, und dann geht es doch nur noch um den Barockdichter Daniel Caspar von Lohenstein. Fichtes Obsession, Lohenstein ins eigene Leben hineinzubiegen, war nicht für alle Teilnehmer nachvollziehbar. In der Veranstaltung steckte plötzlich der Wurm.

Zu den Ritualen des Literaturbetriebs gehört es, daß der Veranstalter sich Mühe gibt, den Autor dann, wenn das Publikum gegangen ist, von der Schuld für die Wurmstichigkeit der Veranstaltung soweit wie möglich zu entlasten. Das ist einfach, wenn viele Zuhörer da waren, weil man dann auf ein besonderes – zwar nur angenommenes, aber das sagt man nicht! – Interesse verweisen kann: »Wir haben schon lange nicht soviele Zuhörer gehabt.«

Schwierig wird es, wenn nur wenige Zuhörer da waren. Man kann zwar Zeit gewinnen, indem man erzählt, daß vergleichbare Situationen in letzter Zeit immer wieder vorgekommen seien. Bei diesem Argument sind unbedingt bekannte Namen zu nennen! Atmet der Autor noch nicht erleichtert auf, kann man auch sagen: »Einmal sind wir gar allein dagesessen. Stellen Sie sich das vor. Keine Menschenseele ist gekommen.« Reaktion abwarten. Kommt keine, dann folgenden Satz sagen: »Es sieht ganz so aus, als würde die Literatur nun doch unter die multimedialen Räder geraten.«

Aber spätestens jetzt ist es an der Zeit, die Argumentation unvermittelt abzubrechen. Kein Autor kann sich ernsthaft mit dem Gedanken anfreunden, der im Kreis oder wo auch immer herumfahrende Karren der neuen Zeit würde ihn als Abfallhaufen am Wegesrand liegenlassen. Man muß dann doch auf das Europacup-Spiel zu sprechen kommen, das zeitgleich stattfand, und der Autor wird nicken, auch wenn er persönlich niemanden kennt, der zu Europacup-Spielen geht. Tatsächlich hat man ja umgekehrt noch nie von einem Stadionmanager gehört, der vor die enttäuschte Mannschaft getreten wäre, um zu erklären: »Tut mir leid wegen der wenigen Zuschauer, aber heute hat Pavarotti gesungen.«

Lesungen haben eine eigene Dramaturgie. Werden ihre vom Zeitgeschmack des jeweiligen Literaturbetriebs definierten Gesetze mißachtet, erleidet die Inszenierung einen Einbruch. Zum Beispiel kann man das Publikum durchaus beschimpfen. Aber es will so beschimpft sein, daß ihm ein Freiraum bleibt, und zwar der Freiraum, die Beschimpfung als Inszenierung oder als Teil der Inszenierung zu verstehen. Der Zuhörer muß sich sagen können: Diejenigen, die hier offen als Arschlöcher beschimpft werden, das sind die anderen, die damit endlich einmal als das bezeichnet werden, für das ich sie immer schon gehalten habe. Der Zuschauer muß sich mit dem Autor identifizieren können, oder mit einer seiner Figuren. Oder er muß sich selbst in seiner Rolle als Zuschauer zuschauen können, wie das bei Handkes 1966 erstmals aufgeführter und von der damaligen Kritik zum »Antistück« stilisierter *Publikumsbeschimpfung* der Fall war. Ein Theaterstück, das sich nicht nur selbst als Theaterstück reflektiert, was die Stücke von Luigi Pirandello schon taten, sondern das diesen Prozeß in die Zuschauer hineintranskribiert und ihnen damit ein ungewohntes Rollenspiel abverlangt, bei dem sie in gewisser Weise selbst zu Darstellern des Theaterabends werden, dem sie gleichzeitig als Zuschauer beiwohnen.

»Sie haben sich eine andere Welt erwartet.
Sie haben sich keine andere Welt erwartet.
Allenfalls haben Sie das erwartet, was Sie hier hören.
Aber auch in diesem Fall haben Sie etwas anderes erwartet.«

Mit solchen Sätzen versuchen die vier im Auditorium herumstreunenden Figuren den Zuschauern das traditionelle Rollenspiel zu erschweren oder zu vereiteln, was diese aber nur zu einem komplizierteren, verfeinerteren Rollenspiel zwingt, um schließlich zur angekündigten Sache zu kommen, die dann aber das, was zu erwarten stand, gar nicht mehr ist, nämlich eine Publikumsbeschimpfung. Beschimpft werden nämlich jetzt nicht mehr die Zuschauer, sondern jene imaginierten Zuschauerrollen, denen die Zuschauer in den sprachlichen und dramaturgischen Vorgaben des Stückes zuschauen.

»Ihr Massenmenschen, ihr Totengräber der abendländischen Kultur, ihr Asozialen, ihr übertünchten Gräber, ihr Teufelsbrut...«

Das soll der Endpunkt des Theaters sein, der ultimative Ausdruck seiner Krise, wie es damals von einigen verstanden wurde? Reinhard Baumgart erinnert in seinem Buch *Addio. Abschied von der Literatur* daran, daß schon damals, Ende der sechziger Jahre, das Publikum von diesem Rollenspiel so begeistert war, daß es Lust hatte mitzumachen und seinerseits die Schauspieler beschimpfte. So habe sich bei der Frankfurter »Experimenta« Peter Handke genötigt gesehen, selbst als fünfter Sprecher vor das animierte Publikum zu treten, um »als offenbar unkündbare Spielbedingung das Stillhalten des Adressaten« zu erflehen. Damit ist die akademische Frage, die Hanns-Josef Ortheil bewegte, nämlich ob das Stück dem Ende der Moderne oder dem Beginn der Postmoderne zuzurechnen sei, zumindest vom Autor entschieden worden. Er hatte das Ende des Theaters ernst gemeint.

Die Rollenspiele innerhalb der Dramaturgie eines künstlerischen Ereignisses haben ihre zeitbedingten Variablen. In den sechziger Jahren, ein wenig auch noch in den frühen siebziger Jahren hatte das öffentliche Verhalten mancher Autoren etwas Flegelhaftes. Das führte zur Einübung neuer Rollenspiele. Ein Teil des Publikums wäre nachgerade enttäuscht gewesen, hätten diese Autoren bei ihren öffentlichen Auftritten auf die antibourgeoisen Bierflaschenrülpser verzichtet. Von einem Auftritt H.C. Artmanns während der Frankfurter Buchmesse haben damals die Zeitungen für berichtenswert gehalten, daß der Autor zu betrunken gewesen sei, um noch lesen zu können. Das waren noch Zeiten, in denen die Dichter sich dem Betrieb durch Alkoholismus entzogen und die Betriebsräte ihnen dafür verstohlen auf die Schultern klopften.

Als Peter Handke im März 1996 am Wiener Akademietheater aus dem Buch *Eine winterliche Reise zu den Flüssen Donau, Save, Morawa und Drina oder Gerechtigkeit für Serbien* vorlas, fand sich der wohlmeinende Teil des Publikums plötzlich an die Flegeljahre der österreichischen Literatur erinnert. Handke sagte zu einem Journalisten, der eine unangenehme Frage gestellt hatte: »Hauen Sie ab, Arschloch!«

Doch die Zeiten hatten sich geändert. Auch das devote Zuhilfeeilen so mancher Freunde von Handkes Dichtkunst konnte den Eklat nicht verhindern. Ein Schriftsteller ist in eine alte, überlebte Rolle geschlüpft und ist damit, für das zeitgenössische Verständnis, aus der Rolle gefallen. Was für die Dramaturgie eines künstlerischen Ereignisses jederzeit belebend wäre, nämlich der überraschende Wechsel im Rollenspiel, wirkte sich hier aus einem einzigen Grunde fatal aus: Für einen Teil des Publikums war keine Rolle vorgesehen außer der, von einem Dichter ernsthaft beschimpft und des Saales verwiesen worden zu sein. Als sich Handke später für seine Entgleisung beim Journalisten Karl Wendl entschuldigte, war es nicht so, als hätte sich die Kunst beim Leben entschuldigt, sondern das Leben bei der Kunst – für das Mißgeschick nämlich, die dramaturgischen Gesetze ihrer Rituale mißachtet zu haben. Wenn alles so ist, wie der Kulturbetrieb es verlangt, dann gilt: Ein Zuschauer ist ein Zuschauer ist ein Zuschauer. Und erst wenn er nicht mehr im Saal ist, ist er kein Zuschauer mehr.

# Drei

An den freien Nachmittagen der Vorlesungsreihe von Hubert Fichte gab es Konversatorien. Gleich bei der ersten dieser Gesprächsrunden meinte ein Teilnehmer, er halte es zwar nicht für illegitim, Daniel Caspar von Lohenstein mit Voodoo in Verbindung zu bringen, ein solcher Universalismus scheine ihm aber »für das Denken und die Interpretationen, die aus dem Denken kommen, irgendwie risikobehaftet« zu sein. Darauf antwortete Fichte lakonisch: »Ich kann ja gar nicht denken. Mich interessiert nur die Praxis. Wenn ich ehrlich sein soll, mich hat nur die Fickerei interessiert. Ich find' Neger schön.«

Damit waren die Fronten geklärt. Abgeschafft waren sie nicht. Fichte hatte die Oberhand gewonnen. Hier spricht der Dichter und nicht der Wissenschaftler. Im Prinzip war natürlich auch das Diskussionsritual auf seiner Seite, doch war es durch den Umstand, daß die Diskussion nicht unmittelbar nach der Vorlesung stattfand, sondern erst einen Tag danach, deutlich geschwächt. Daher blieb es nicht aus, daß sich die Situation wiederholte. Der eine Teilnehmer, ein Ethnologe, hatte die Waffen gestreckt. Doch ein anderer nahm sie wieder auf. Mit wesentlich stärkerem Nachdruck und größerer komperatistischer Fachkenntnis als der erste, startete er zum zweiten Versuch, Fichtes gleichsam künstlerische Zwiesprache mit Lohenstein diskursiv zu hinterfragen.

Fichte war klar, daß es hier um Macht ging. Seine erste Strategie, die eingeforderte Diskussionsebene mit der Autorität der künstlerischen Unmittelbarkeit zu unterlaufen hatte keinen dauerhaften Erfolg gehabt. Wollte er nicht ausgerechnet in einem Konversatorium als Konversationsverweigerer dasitzen, blieb ihm nichts anderes übrig, als demjenigen, der sich hier deutlich insinuierend, aber noch nicht explizit als Kritiker aufbaute, auf dessen eigener Gesprächsebene entgegenzutreten. Fichte begann auf den Strukturalismus zu schimpfen, insbesondere auf die Arbeiten von Claude Lévi-Strauss, der unter den anwesenden Ethnologen ganz offensichtlich hoch im Kurs stand:

»Ein Text von Lévi-Strauss ist reiner Nonsens, das ist ein Nonsensgedicht. Die Sache mit den Masken zum Beispiel. Der sagt, hier ist das Unten und hier das Oben. Ja, wo ist denn das Unten, warum das Unten und Oben? Wenn man das mal nachliest, leider Gottes habe ich das ja getan, das ist ein ziemlicher Unsinn. Wo ist denn nun wirklich die Aussage? Wo ist das Faktum, von dem er spricht? Das gibt es nicht. Oder es ist falsch. Ganz typisch, daß er sich den Indianern genähert hat, ohne die Sprache zu können, ohne eine Indianersprache zu können. Er kommt also hin und war zu faul, Sprachen zu lernen. Dann schreibt er: Weil die Indianer sich verweigern, spreche die Erde. Die Indianer haben sich nicht verweigert, er hat nur nicht ihre Sprache gesprochen.«

Als Moderator dieses Gesprächs war ich damals recht hilflos, weshalb mir die Situation auch so plastisch in Erinnerung blieb. Meine Versuche, aus der verfahrenen Lage doch noch einen gemeinsamen Diskurs zu fabrizieren, konnten offenbar keinen der Kontrahenten überzeugen. Im nachhinein betrachtet bin ich geneigt, aus diesem Zustand des äußersten Unbehagens eine Art privates Bildungserlebnis zu stilisieren.

Diskursverweigerung war für mich nichts Neues. Immerhin war Mitte der siebziger Jahre, als ich langsam in den Literaturbetrieb hineinwuchs, die legendäre Flegelgeneration der österreichischen Literatur noch am Werk. Zwar hatten sich ihre pfiffigsten Vertreter längst zu Klassikern stilisiert – die Wiener und die Grazer Gruppe, wie man sie nun bezeichnete, galten, vermutlich nicht einmal zu Unrecht, mittlerweile als die wichtigsten literarischen Ereignisse der Nachkriegszeit –, aber es gab in ihrem Umkreis ein paar Nachzügler des Ars-sive-Vita-Aktionismus, die sich vor ihrem jähen Ende im Alkoholtod oder (in nur einem Fall) im Gefängnis, als Störenfriede literarischer Veranstaltungen betätigten. Wenn sie auftraten, konnte man die Texte einpacken oder die Treffen der Grazer Autorenversammlung für beendet erklären.

Aber mit Hubert Fichte war das anders. Er hatte von Hamburg aus ein zweistündiges Telefongespräch mit mir geführt, in dem er meine Novelle *Der Tod des Kleinhäuslers Ignaz Hajek* Seite für Seite kommentiert hatte. Noch nie war von irgendeinem Menschen mein Schreiben so ernst genommen worden. Auch hatte ich die meisten seiner damals erhältlichen Werke gelesen und stand unter dem Banne der Offenheit, mit der er damals zu mir unter anderem auch über seine Krankheit sprach. Wenn ich schon dabei bin, diesen persönlichen Einschub zu machen, für den in diesem Rahmen der richtige Tonfall allerdings nicht zu finden sein wird, sollte ich wenigstens auf eine Bemerkung von Hubert Fichte zu sprechen kommen, die seither wie eine Warnlampe vor mir aufblinkt. Er sagte, als wir über sein möglicherweise baldiges Ende sprachen, das er sah und doch verleugnen wollte: »Mittlerweile habe ich schreiben gelernt. Aber die Stoffe, die es aufzuschreiben lohnte, habe ich alle schon verbraucht.«

Aufgrund dieses persönlichen Kontakts verbat es sich für mich, Hubert Fichte mit jenen, die ich, salopp und von jedem einzelnen her gesehen sicher zu Unrecht, einer sogenannten Flegelgeneration der Literatur zuordne, in Verbindung zu bringen. Meine im nachhinein zum Bildungserlebnis der besonderen Art stilisierte Erfahrung bestand schlicht darin, daß ich, der aufstrebende Bildungsbürger, als den ich mich damals sicher nicht bezeichnet hätte, erstmals in der Situation war, zwischen anderen Bildungsbürgern und einem, der traditionelle universitäre Bildung schlicht für irrelevant erklärte, zu vermitteln. Heute kommt mir das Ganze vor wie ein Treppenwitz. Wenn man den Raum verlassen hat und nachdenklich die Stiege hinuntergeht, fällt einem immer ein, was man oben im Saal hätte sagen sollen. So ist mir auch später, bei der Beschäftigung mit Theorien, die ich zur Zeit der Fichte-Vorlesungen gar nicht oder nur unzureichend kannte, der Gedanke gekommen, auf diese oder jene Weise wäre der Versuch eines Vermittlungsgespräches sinnvoll gewesen. Zumindest hätte ich selbst dabei eine bessere Figur gemacht, wenngleich am Erfolg mit guten Gründen zu zweifeln ist.

Fichte hatte am Beginn seiner Vorlesungen eine besondere Hochachtung für ein nicht genauer präzisiertes geistig-kulturelles Ambiente von Wien erkennen lassen. Hätte man daraus, so habe ich mich später gefragt, nicht einen Vermittlungsdiskurs fabrizieren können? Immerhin gab es seit Sigmund Freud eine spezielle Wiener Ausprägung der Kunstphilosophie und mit Edmund Bergler, Anton Ehrenzweig, Frederick

Wyatt, Ernst Kris, um nur einige zu nennen, gleich eine ganze Generation aus Wien stammender – und von dort vertriebener – »Freud-Schüler«, die in England und in den USA unter anderem dadurch bekannt geworden waren, daß sie die Verwirrung auf dem Gebiete der Kunsttheorien mit psychologischen und psychoanalytischen Ansätzen deutlich vergrößert hatten.

Vor allem ist es aber einem anderen vertriebenen Wiener, einem Freund des Kunsthistorikers und Psychoanalytikers Ernst Kris, zu verdanken, daß der psychologische Ansatz aus der ästhetischen Debatte nicht mehr wegzudenken ist: Ernst Hans Josef Gombrich. Seine 1956 zum Thema *The Visible World and the Language of Art* in der Washingtoner National Gallery gehaltenen Vorträge, die 1960 unter dem Titel *Art and Illusion* in den USA veröffentlicht wurden, gaben eine plausible Antwort auf die alte Frage, in welcher Weise Sozialgeschichte und Kunstgeschichte miteinander verknüpft seien. Sie sind es, so Gombrichs Vorschlag, über die Entwicklung der Wahrnehmungspsychologie. Diese ist mit der Sozial- und Kulturgeschichte jedoch nicht deterministisch verbunden. Der Künstler hat Alternativen. Eines kann er jedoch nicht: Die Wirklichkeit abbilden, wie sie ist. Er kann sie nur darstellen, wie er sie sieht. Die ästhetische Form ist der Wahrnehmung immanent. Allenfalls kann er – falls er sich dafür herzugeben bereit ist – die Wirklichkeit abbilden, wie sie von anderen gesehen wird oder gesehen werden will. Sieben Jahre später wurde dieses Buch unter dem Titel *Kunst und Illusion. Zur Psychologie der bildlichen Darstellung* auch zu einem Meilenstein der ästhetischen Debatte des deutschsprachigen Raums, zumindest was die bildende Kunst betrifft.

Hier hätte sich vielleicht ein guter Anknüpfungspunkt für die Diskussion mit Hubert Fichte ergeben, denn immerhin hatte er einmal sein Interesse an synkretistischen Kulten, mit denen er sich unter anderem in seinem Buch *Xango* beschäftigte, mit folgenden Worten beschrieben: »Ich vermute, daß es in der afroamerikanischen Kultur ein System des Psychischen gibt, das älter ist als das unsere und vielleicht besser funktioniert, denn schließlich hat es die Afrikaner die Greuel der Versklavung überstehen lassen und läßt sie das unvorstellbare Elend des Neokolonialismus überstehen.«

Darüber hätte man reden können. Theoretisch, aber nur theoretisch, hätte sich auch ein Gespräch über jenen französischen Wirbelwind angeboten, der gerade in die ästhetischen Debatten des deutschsprachigen Raums hineingefahren war und ratlose Geister wie mich zurückgelassen hatte. Der ersten Ausläufer des Tornados Gilles/Félix war ich gewahr geworden, als bei kunsttheoretischen Debatten in Deutschland allerorten Kafka zitiert wurde, obwohl Klaus Wagenbach weit und breit nicht zu sehen war. Bis ich dahinter kam, daß es ein Kafka aus neuer Hand war, ein Kafka, der den Selektions- und Interpretationsmustern von Gilles Deleuze, Félix Guattari, Jacques Derrida und Jacques Lacan unterlag. Diese Muster waren einigen deutschen Adepten mittlerweile so eingeblasen – oder müßte ich diskursgerecht sagen: eingeschrieben? –, daß sie es bei kleineren Zitaten des Kafka-Textes *Vor dem Gesetz* aus dem 9. Kapitel des Romans *Der Prozeß* für überflüssig hielten, nach der Originalausgabe zu greifen, sondern Kafka statt dessen aus dem Französischen rückübersetzten.

Aber über all das wurde mit Hubert Fichte nicht gesprochen, obwohl die Deutung durch Deleuze/Guattari, die uns

Kafka als den Dichter der unsublimierten, nomadischen Begierde vorstellten, eine enge Verwandtschaft zu Fichtes schnippischer Antwort auf die Frage nach dem Universalismus des kulturellen Verhaltens zu haben schien. Fichte hätte es vermutlich ganz anders gesehen. Er meinte nämlich in demjenigen, der ihn aufforderte, seine literarischen Analogien metasprachlich zu fundieren, ein Exemplar jener damals noch verbreiteten Spezies von Intellektuellen erkannt zu haben, deren Hauptbeschäftigung darin zu bestehen schien, mit kunsttheoretischen Sprechblasen zu jonglieren und die Künstler mit normativen Ansprüchen zu quälen. Fichtes Antwort – »Wenn ich ehrlich sein soll, mich hat nur die Fickerei interessiert. Ich find' Neger schön.« – war kein Hinweis auf einen spezifischen ästhetischen Diskurs gewesen, sondern schlicht Abbruch desselben. Nach der Veranstaltung redete Hubert Fichte Klartext. Er erwartete von mir nichts Geringeres, als dafür zu sorgen, daß die beiden Unverschämten, die für ein Stück Literatur eine diskursive Begründung verlangten, künftig nicht mehr an den Konversatorien teilnehmen. Andernfalls werde er wegbleiben.

## Vier

Mit Mühe und Not gelang es mir, Fichte im Laufe des folgenden Tages zu überzeugen, daß er in die beiden Konversatoriumsteilnehmer ein intellektuelles Richtertum hineinprojiziere, das es in dieser Form in Wien gar nicht gebe. In der Nachkriegsbeschaulichkeit des österreichischen Geisteslebens der siebziger Jahre war eine intellektuelle Mauer abgebaut worden, die die Kunstphilosophie seit zweihundert Jahren in zwei Lager geteilt hatte: In das der Autonomen, für die Kant den neuzeitlichen Ahnherrn bildete, und in das der Engagierten, die im mächtigen Schatten von Hegel und Marx standen. In Österreich aber hatten sich Avantgardisten und sozialistische Realisten zur Grazer Autorenversammlung zusammengeschlossen und damit die Diskussion hoffnungslos verwirrt. Nicht aus Weitblick, sondern weil das Land nach der Vernichtung und Vertreibung der jüdischen Intelligenz durch die besonders rabiaten österreichischen Nationalsozialisten, die den Emigranten bis heute nicht verzeihen wollen, daß sie überlebt haben, noch mit den Kämpfen von vorgestern beschäftigt war. Zum Gebot der Stunde gehörte nicht die geistige Auseinandersetzung darüber, ob das Konzept einer autonomen Kunst oder das einer engagierten das wahre sei, sondern hier ging es zunächst einmal darum, den österreichischen PEN-Club daran zu hindern, den Tiroler Schützen die kulturelle Hegemonie zu überlassen.

Die kulturpolitische Aufgabe wurde mit Hilfe der Sozialdemokraten erstaunlich schnell gelöst. Die politischen Funktionen ordnete man dem österreichischen PEN-Club zu, die gesellschaftlichen der Grazer Autorenversammlung. Anders ausgedrückt: Die Autoren des PEN-Clubs vertraten die österreichische Literatur im Ausland, indem sie entweder selbst Kulturräte wurden oder in den Botschaften und Kulturinstituten aus ihren im heimischen Styria-Verlag erschienenen Büchern vorlasen. Die Autoren der Grazer Autorenversammlung veröffentlichten in ausländischen, vornehmlich deutschen Verlagen, dafür mußten sie sich aber daheim dem Volk stellen. Diese Arbeitsteilung, die bis heute in den Grundstrukturen erhalten blieb, ließ dann doch noch genügend Muße zu, auch in Wien nach den Resten jener kunstphilosophischen Mauer zu suchen und ein paar Stahlbetonplatten auf ihre Fundamente, manchmal auch daneben, zu setzen.

Die beiden in ästhetischen Debatten damals vorherrschenden Formen des absoluten Geistes, also letztlich der Theologie, begannen sich auch in Österreich voneinander abzugrenzen. Auf der einen Seite standen die in steirischen Provinzkämpfen und in Wiener Vorstadtgefechten erprobten Räuberbanden der Avantgarde. Ihre expressionistisch-dadaistische Kriegskasse wurde von den Zeitschriften *Manuskripte* und *Protokolle* verwaltet. Auf der anderen Seite gab es die als Alternative zur Studentenbewegung zusammengestellten Partisanenverbände, die sich weitgehend aus einer Kriegskasse des 19. Jahrhunderts finanzierten. Sie scharten sich um die Zeitschrift *Wespennest* und um den linken Autorenverlag *edition literaturproduzenten*.

Beide Lager wußten in allgemeiner Begrifflichkeit anzugeben, was von Kunst zu erwarten sei, oder zumindest, wie sie nicht auszusehen habe. Die Partisanengruppe, der ich mich zugesellte, konnte sich, über die Vermittlung von Georg Lukács und Karl Marx in direkter Linie auf Hegels absoluten Geist berufen. Es war uns ein Anliegen, daß in unserer Literatur, die Geschichten von Verlierern und Zukurzgekommenen erzählte, etwas Wesentliches durchscheine, eine politische Idee der Veränderbarkeit und Umwälzung gesellschaftlicher Verhältnisse. Aber es war natürlich nicht die revolutionäre Idee selbst in ihrer glasklaren Reinheit und Begreifbarkeit, die sich, wie wir von Marx, also von Hegel, also von der Eschatologie wußten, ja selbst erst herausbilden mußte, sondern es war, nach einer Formulierung von Ernst Bloch, ein Vorschein davon, oft nur negativ dargestellt, als das Schlechte, das überwunden werden mußte.

Aber damals blies noch ein Wind vom Paradiese her. Wir alle lasen Walter Benjamin und Bertolt Brecht und wurden von diesem Wind in Richtung Zukunft mitgerissen. Es war noch kein Wirbelwind. War das neue Paradies auch nicht zu sehen, so wollten wir doch die Katastrophen, die sich hinter uns anhäuften, die inneren und die äußeren, genau registrieren. Freilich konnten wir nicht sicher sein, ob nicht dann, wenn es darauf ankommen werde, ein Molotowcocktail der Idee förderlicher sein könnte als die Schreibmaschine. Denn in einem schauten wir Vater Hegel (Großvater Aurelius Augustinus verleugneten wir standhaft) genau auf die Finger: Das Ende ließen wir uns nicht vorgeben. Die Befreiung wollten wir schon selber machen und nicht irgendeinem Automatismus des Weltgetriebes überlassen.

Wir alle stimmten zwar mit Lukács darin überein, daß Kunst unter die Oberfläche der gesellschaftlichen Erscheinungen vorstoßen müsse, daß eine einfache Widerspiegelung des auf den ersten Blick Sichtbaren nicht genüge, aber wir hatten andererseits unsere Probleme mit der Zumutung von Georg Lukács, daß er schon genau wußte, was wir unter der Oberfläche der Gesellschaft zu finden hätten, nämlich die Gesetze ihres historischen Wandels. Würden wir die erkennen und essentiell mit der Handlung verweben, dann würde sich in unserer Literatur die Totalität unserer zeitgenössischen Gesellschaft widerspiegeln, so wie das einst in den Romanen von Tolstoi, Balzac und Thomas Mann geglückt sei. Tolstoi, Balzac, Thomas Mann? Irgend etwas stimmte hier nicht, wir waren schließlich nicht von Meyers Konversationslexikon, sondern von Mick Jagger erzogen worden. Dennoch blieb Lukács die zentrale Figur der Realismusdebatten. Er war der allgemeine Reibebaum.

Lieber hielten wir es mit dem Brechtschen Diktum, daß eine einfache Abbildung verdinglichter menschlicher Beziehungen, also etwa eine Fabrik, über die Realität wenig aussage. Es sei also tatsächlich etwas aufzubauen, etwas Künstliches, Gestelltes. Es sei also tatsächlich Kunst nötig, künstlerische Anstrengung und Technik. Ein Kunstwerk, daß mit der Realität dem Augenschein nach nicht übereinstimmte, konnte über diese mehr aussagen, als wiedererkennbare, gelungene Abbildung. Hinzu kam, daß Brecht die Funktion der Kunst bedachte und die unterschiedlichen Rollen, die ein Werk zu unterschiedlichen Zeiten spielen kann. Brecht schrieb den schönen Satz, der mir heute noch wie Honig über die Zunge geht: »Es verändert sich die Wirklichkeit. Um sie darzustellen, muß die Darstellungsart sich ändern.« Damit freilich war man des gründlichen Studiums von Tolstoi, Balzac und Thomas Mann enthoben und konnte statt dessen darüber nachdenken, oder darüber nachzudenken vorgeben, welcher ästhetischer Mittel der Realismus heute bedürfe, um durch die Literatur die Bedingungen unserer Existenz versteh- und veränderbar zu machen.

Doch auch das Brechtsche antiessentialistische Konzept des Artifiziellen, das Ende der sechziger, Anfang der siebziger Jahre in den Realismusdebatten einen zweiten Sieg über Georg Lukács davontrug, lebte von einer vorangegangenen Erkenntnis der Wahrheit, war letztlich beseelt von einem absoluten Geist. Das brachte unsere im großen und ganzen immer noch wie neunzehntes Jahrhundert aussehende, aber im kunstphilosophischen Zusammenhang als revolutionär gedachte Literatur in eine fatale Lage: Sie sollte der Geburt einer Idee behilflich sein. Sie bekam eine Erkenntnis- und Wegweiserfunktion – und sei es nur in jenem eingeschränkten Sinne, daß sie zeigen sollte, welche Wege in die Sackgasse oder in den Untergang führten. Alle, wie sich erwies. Die österreichische Literatur handelte nur noch davon. Anti-Heimat-Literatur wurde das später genannt.

In der Zeitschrift *Wespennest* wurden Realismus-Debatten geführt, in denen es gleichsam um die revolutionäre Wahrheit ging. Hatten sie je auf irgendeinen Autor Einfluß? Waren sie je auch nur in der Nähe eines für Autoren brauchbaren ästhetischen Konzepts? In Wahrheit waren die ästhetischen Konzepte des Realismus in Österreich nicht viel mehr als die zur Norm erhobenen Gesellschaftsdeutungen der autobiographischen Romane einiger neuer Autoren, die aus proletarischem und bäuerlichem Milieu stammten und sich im Zuge der sozialdemokratischen Liberalisierung der Öffentlichkeit Gehör verschaffen konnten. Was sie zu erzählen hatten, klang freilich ganz anders als die Geschichten der Beamtenkinder, die traditionell die österreichische Literatur bevölkert hatten.

Das, was mich damals – und eigentlich bis heute – literarisch am meisten beschäftigte, war der Tod. Doch der Tod spielte in der Realismus*debatte* nur eine marginale Rolle. Es hatte den Anschein, als könnte es einer befreiten Gesellschaft, so wie einer genuin christlichen, gelingen, dem Tod den Stachel zu nehmen. Die realistische *Literatur* dieser Zeit wollte das nicht glauben. In ihr spielte der Tod eine große Rolle.

Und dann gab es natürlich die andere Seite, den künstlerischen Stoßtrupp, die ästhetische Vorhut, die Avantgarde. Zur zentralen Figur ihrer Kunstphilosophie war Adorno geworden. Aber seine Philosophie stand nicht außer Frage. Der Streit ging hier um das Konzept der Autonomie. War man sich mit ihm über die notwendige Beschaffenheit eines Kunstwerks der Moderne weitgehend einig – über seine Verweigerung konventionsbedingter Normen und Haltungen, seine nötige Brüchigkeit und Dissonanz, die Zurückweisung falscher Harmonisierungen – so war doch der Begriff der Avantgarde nicht einfach mit dem der Moderne gleichzusetzen. Unter denen, die sich zur Avantgarde zählten, gab es immer ein starkes aktivistisches, politisches Element, das natürlich auch in der Wiener Gruppe und bei den Grazern, nach den Temperamenten der Autoren verschieden, anzutreffen war. Dieser aus der Immanenz des Kunstbetriebs aktionistisch bis anarchistisch hinausdrängende Teil der Avantgarde, in deren Werken sich die Kunstsparten verschoben, vermischten und aufhoben, diese ständigen gemeinsamen aber auch individuellen Versuche einer »Überführung von Kunst in Lebenspraxis« (Peter Bürger) oder eines »poetischen Lebens«, wie H.C. Artmann das nannte, fanden ihren theoretischen Spiegel weniger bei Adorno, als vielmehr in Peter Bürgers *Theorie der Avantgarde* (1974). Allerdings kam dieses Buch zu spät, um für die Künstler selbst eine Orientierungsfunktion zu haben. Es war mehr ein retrospektiver Spiegel zu einer Zeit, als die Wiener Aktionisten längst außer Landes geflüchtet waren und vor dem Forum Stadtpark in Graz aus Protest gegen den »Schmutz« der avantgardistischen Kunst gerade die letzten Misthaufen abgeladen wurden.

Die häretische Autorenfrage auf seiten des Realismus hatte gelautet, ob etwas vollkommen Nutzloses, ein selbstreferentielles, in seine eigenen Formen versponnenes Gebilde, gesellschaftliche Bedeutung haben könne. Vorsichtshalber hatte sich die Zeitschrift *Wespennest* im Untertitel *Zeitschrift für brauchbare Texte* genannt.

Auf seiten der avantgardistischen Autoren lautete die Frage gerade umgekehrt: Wie will Kunst, wenn sie in einem politischen und Alltagszusammenhang brauchbar ist, der Gesellschaft noch Widerstand entgegensetzen. Sie ist doch längst ein Teil dieser Gesellschaft geworden und hat damit ihre Widerstandskraft im Kulturbetrieb aufgelöst.

Adorno hatte gegenüber Lukács das intellektuell anspruchsvollere Image. Wenn selbst Michael Scharang, dessen sozialistischer Konstruktivismus sich seit Mitte der siebziger Jahre manchmal wie der platteste Realismus las, zum Ende des wunderlichen Jahrzehnts, als plötzlich die halbe Welt intellektuell zusammenbrach, unermüdlich Adorno zitierte, dann halte ich das für einen Sieg. Für einen Sieg jener Bücher, die mir 1977 auf der Reise von West-Berlin über Prag nach Wien abgenommen wurden, über die wenigen Bücher, die ich behalten durfte. Adorno, Marcuse und Hans-Jürgen Krahl wurden mir abgenommen, vermutlich, um die nur mehr in Spurenelementen vorhandene deutsch sprechende Bevölkerung der ČSSR nicht zu gefährden. Lukács, Marx und – zu meinem Erstaunen – eine Modezeitschrift durfte ich behalten. Ich hatte damals die Modezeitschrift und Lukács – es handelte sich nicht um den frühen Lukács – für die moralisch und intellektuell verheerenderen Güter gehalten.

Adorno hatte der Avantgarde ein Bilderverbot auferlegt. Auf das Falsche der Gesellschaft durfte sie sich beschreibend nicht einlassen. Wie beim Ahnherrn Immanuel Kant durfte kein politischer Zweckzusammenhang die ästhetische Anschauung an die Alltagsinteressen verraten. Eine »Zweckmäßigkeit ohne Zweck« hatte Kant von der Kunst erwartet, und Adorno schrieb: »Zweckmäßig sind die Werke in sich, ohne positiven Zweck jenseits ihrer Komplexion.«

Die Besonderheit des Mimetischen sollte sich nicht in rationale Modelle der Weltinterpretation auflösen. Ästhetische Erfahrung wurde nur dann als solche akzeptiert, wenn sie nicht eine Erfahrung des Wiedererkennens war, ohne gleichzeitig eine der Verweigerung zu sein.

Unter dem Druck politisch artikulierter Erfahrungsästhetik, nicht zuletzt unter dem Druck der Studentenbewegung, wurde der avantgardistischen Kunst abverlangt, sie müsse Wahrnehmungsmuster aufbrechen, Verhaltenszwänge irritieren, gesellschaftliche Verblendungszusammenhänge wahrnehmbar machen, den Warencharakter von Kunstprodukten offenlegen und so weiter. Kurz, die Avantgarde wurde von der

Kunstphilosophie in einen derartigen Leistungsstreß versetzt, daß es nicht verwunderlich war, wenn avantgardistische Künstler ihrem Werk die politisch und kunstphilosophisch korrekte Interpretation vorherschickten, oder überhaupt nur die Interpretation anstatt des Werkes lieferten.

# Fünf

1986, als Hubert Fichte die Wiener Vorlesungen zur Literatur eröffnete, war über Kant, Adorno, Brecht und Lukács eigentlich nichts mehr zu sagen. Denn mittlerweile waren, mit geraumer Verspätung, die französischen Wirbelwinde bei uns eingetroffen. Die Epoche solcher »Metaerzählungen« (J.F. Lyotard), wie Kant, Adorno, Hegel, Marx, Lukács und Brecht sie geliefert hatten, sei vorbei, wurde behauptet. Leitbegriffe wie Einheit, Zentrum, Ziel, Fortschritt, Emanzipation, Verständnis hätten ihre Verbindlichkeit verloren. Die alten zentristischen Weltbilder seien einer pluralistischen Vielheit gewichen, die sich in interdependenten Sprachspielen mal so mal anders ordne. Auch sei es, so wurden wir belehrt, eine völlig veraltete Vorstellung zu meinen, die Zeichen eines Textes bezögen sich auf Gegenstände, nein auf andere Zeichen beziehen sie sich, und wenn ich einen Text interpretiere, dann setze ich ihn nicht in Beziehung zur Welt, sondern ich werde von einem Zeichen auf ein anderes verwiesen und könnte damit unendlich lange fortfahren, bis ich mir quasi Jorge Luis Borges' gesamte *Bibliothek von Babel* einverleibt hätte, wäre aber noch immer nicht bei der Welt angelangt, sondern immer noch in den sich immer neu arrangierenden Ordnungen der Zeichen gefangen. Dem Spiel der Signifikanten, so Jacques Derrida, sei keine Grenze gesetzt, außer die eine, daß es nicht von außerhalb determiniert werden könne. Außerhalb des Textes gebe es nichts, das noch die Autorität hätte, gültige Ordnungen herzustellen.

Kurz, die Philosophie behauptete plötzlich, der Kunst nicht mehr sagen zu können, wo es lang gehe, weil sie selbst die Wahrheit nicht kenne. Nicht daß wieder einmal ein absoluter Geist gestürzt worden wäre, um sich selbst an seine Stelle zu setzen. Nein, diesmal war die Verwirrung profunder. Die Zeit der großen Erzählungen sei überhaupt zu Ende gegangen. Die Philosophie könne keine Wahrheit mehr anbieten, sie könne höchstens ein paar neue Märchen erzählen, was einige auch prompt taten.

Vorbei war es nun auch mit dem Wind aus dem Paradies. Wer sich überhaupt noch bewegte, wurde wie welkes Herbstlaub in unabsehbare Richtungen und Ecken geblasen. Da über das Gesellschaftliche nichts Gewisses mehr auszumachen war, begann man Kafka zu interpretieren, den man in Frankreich bis dato ja tatsächlich sträflich vernachlässigt hatte. Alles deutete auf einen echten Paradigmenwechsel hin. Nicht die politische Ökonomie war länger Gegenstand der Theorie, sondern die Kunst. Der Wiener Philosoph Rudolf Burger merkte damals ironisch an, endlich wisse man, was mit dem Wort Spätkapitalismus gemeint war. Es indiziere nicht, wie manche fälschlich annahmen, das bevorstehende Ende des Kapitalismus, sondern das vorläufige Ende der Debatte über ihn.

Rudolf Burger war es auch, der uns Wienern mit einem in der Programm-Zeitschrift *Falter* veröffentlichten Artikel mitteilte, daß nunmehr »die Kunst an die Stelle der Theorie« getreten sei. »Diese Verschiebung«, schrieb er, »ist auch der theoretische Ausdruck des praktischen Scheiterns von Theorie.« Und an anderer Stelle: »Wo Theorie stumpf geworden ist, dort schneidet allein noch der künstlerische Ausdruck.«

Das waren doch gute Nachrichten für Künstler, die unter

der Bevormundung der Philosophen litten. Gute Nachrichten also für Hubert Fichte. Die Philosophen schienen freiwillig abzudanken. Anstatt weiterhin eigene Ansprüche auf Welterkenntnis und Lebensorientierung zu stellen, wollten sie sich nun mit einer theoretischen Interpretation einer künstlerischen Interpretation der Welt begnügen.

So viel Bescheidenheit war nicht zu trauen. Blickte man genauer hin, stellte es sich nicht so dar, als würde Derrida Kafka interpretieren, sondern als hätte Kafka Derridas Ideen antizipiert und mit seiner Romankunst ein halbes Jahrhundert vorweg illustriert, was Derrida meinen könnte, wenn er sagt, das Subjekt sei nicht mehr zu retten. Das Zurücktreten der Philosophie hinter die Kunst war im Falle von Derrida vermutlich nur eine Simulation. Denn ausgerechnet Derrida war es doch, der es in einer Zeit der zu Ende gegangenen Metaerzählungen zu einer ausgewachsenen ästhetischen Theorie mit eigener Axiomatik brachte. Die Abschaffung der zentrierten und hierarchisierten Begriffe wurde von Derrida mit neuen zentralen Begriffen wie »Schrift« und »Differenz« bewältigt. Freilich sollte man konzidieren, daß sich die besten dekonstruktivistischen Denker dieses Widerspruchs durchaus bewußt sind.

Auch der Artikel Rudolf Burgers wußte für eine Theorie, die uns gerade weismachen wollte, daß sie gegenüber der Kunst die Segel gestrichen habe, noch zu genau, wie Kunst auszusehen habe. Über den künstlerischen Ausdruck behauptete er: »Authentisch ist er heute nur dort, wo er schmerzt.« Oder an anderer Stelle behauptete er, daß es »nur mehr mit Mitteln des Schocks und der Provokation möglich ist, eingeschliffene Wahrnehmungsweisen, die durch den realen

Schrecken des modernen Alltags abgestumpft und verhärtet sind, zu durchschlagen, um einen ideologiefreien Blick auf die Wirklichkeit zu ermöglichen«.

Das war nicht die neue Bescheidenheit der Philosophie, das klang nicht nach einem Ernstnehmen der Krise der Vernunft, im Gegenteil, das waren alte kunstphilosophische Doktorhüte, vorgetragen als die neueste Entdeckung. Nicht anders Jean-François Lyotard, der für den neuen Krisenzustand der Philosophie den Begriff der Postmoderne übernahm und sich mehrfach anschickte, ihn zu definieren. Und was kam dabei heraus? Die Formel: »Das Undarstellbare darstellen«. Mit diesem Versuch setze die Postmoderne ein. Nicht anders, so hat Manfred Frank dem Franzosen zu Recht widersprochen, habe Novalis die Poesie definiert. Resignierend sagte Frank in einem Interview: »Diese Situation konnte erst in einem Zustand der verwesenden Bildung eintreten, da Vertreter und Wortführer dieser Richtung nicht mehr über die historische Bildung des 19. und frühen 20. Jahrhunderts verfügen.«

Aber vielleicht gerade deshalb, weil mittlerweile jeder sagen konnte, was er wollte, und historische Referenzen keine Rolle mehr spielten, wandte sich der erste Satz aus der *Ästhetischen Theorie* Adornos allmählich gegen ihren Autor. Zur Selbstverständlichkeit wurde nämlich mittlerweile, daß auch nichts, was die Kunstphilosophie betrifft, mehr selbstverständlich ist. Mangels Wahrheitsanspruch verlor sich die Kunstphilosophie sukzessive in mehr oder weniger beliebiger Kunstinterpretation. Die Ästhetik ging des Normativen verlustig, übrig blieben Deutungen, die genau das erfüllen, was Hubert Fichte eingefordert hatte: Sie erheben sich nicht mehr über das Kunstwerk, sondern schreiben es fort, sind selbst ein künstlerischer Text.

Wenn heute theoretische Ansätze versucht werden, dann haben diese ihren Ursprung meist nicht in der Philosophie, sondern in einzelnen Natur- und Geisteswissenschaften. Ein disparates Spektrum von gestaltpsychologischen, neurologischen, psychoanalytischen, semiotischen, informations- und medientheoretischen Ansätzen hat die klassischen Elementartheorien des Ästhetischen, die metaphysischen, ontologischen, phänomenologischen und hermeneutischen, beinahe zur Gänze verdrängt. Fraglich ist der Begriff der Kunstphilosophie selbst geworden, weil er eine gemeinsame Wahrheit aller Künste suggeriert, die ohne allgemeine Prämissen, also ohne erneute philosophische Vorgaben für die Kunst, wohl kaum aufzufinden sein wird.

Eine integrierte Kunsttheorie ist nicht mehr zu erwarten. Aber seien wir vorsichtig, und sagen wir: zur Zeit nicht. Damit ist auch ein einheitlicher Kunstbegriff obsolet geworden. Wir haben zur Kenntnis zu nehmen, daß die philosophische Ästhetik ihre zentrale Frage, was Kunst sei, nicht mehr beantworten kann. Die Kunst ist nicht mehr das Scheinen der Wahrheit. Es gibt sie nicht mehr, *die Kunst.*

Zeitgenössische Kunsttheorien gehen von spezifischen Kunsterfahrungen aus, von konkreten ästhetischen Gegenständen, Strukturen, Zeichen, Nachrichten, Schemen, Botschaften, oder wie immer die semantischen Träger ästhetischer Erfahrung bezeichnet werden. Nicht nur zerfällt die Kunst in ihre einzelnen Sparten, es ist auch höchst ungewiß, ob zum Beispiel Literatur gleich Literatur ist.

Ich habe in der zweiten Jahreshälfte 1994 engen Kontakt zu Ambrose Massaquoi, einem Autor aus Sierra Leone, gehabt. Als wir uns in den USA trafen, fanden wir eine gemeinsame

Gesprächsgrundlage, und jeder beschäftigte sich mit der Literatur des anderen. Unsere Gespräche schufen eine künstliche Vergleichsebene für zwei ästhetische Systeme, die sich eigentlich nicht miteinander vergleichen lassen. Es herrschen völlig unterschiedliche Bedingungen der Produktion und Rezeption. Es gibt im gesamten Staat Sierra Leone nur eine einzige Buchhandlung, in der Hauptstadt, als Teil der Universität. Will Literatur in Sierra Leone überhaupt wahrgenommen werden, muß sie an mündliche Traditionen anknüpfen. Die gesellschaftliche Ordnung ist anders, die ästhetische und nicht-ästhetische Erfahrung der Menschen ist anders. Kurz, die literarische Arbeit von Ambrose Massaquoi hat in ihrem originären Wirkungsbereich keine Vergleichsbasis mit der meinen. Die beiden sind schlicht nicht kompatibel.

Ich sehe in diesem Sachverhalt einen neuen Aufgabenbereich kunsttheoretischer Diskurse. Die euphemistisch »Wanderungsbewegungen« genannten Massenfluchten von Völkern haben auch eine Auswirkung auf das Selbstverständnis von produzierenden Künstlern. Ihnen stellt sich, ob sie wollen oder nicht, die transkulturelle Verständigung als neue Herausforderung. Die These von David Harvey, daß sich in dem Postmoderne genannten Unter-, Über- und Nebeneinander unterschiedlichster Erzählungen die »zunehmende Ghettoisierung, Entmündigung und Isolierung der verarmten und Minderheiten angehörenden Bevölkerungsschichten in den Städten Großbritanniens und der Vereinigten Staaten« spiegle, hat etwas Plausibles. Aber warum Entmündigung? Weil begriffen wurde, daß die Befreiung der einen nicht gleichzeitig die Befreiung aller anderen bedeutet?

Obwohl es im deutschsprachigen Raum einen regelrechten

Boom von amerikanischer Literatur gab, wurden die heftigen literaturtheoretischen Debatten der USA bei uns kaum wahrgenommen. Eines der klassischen Werke des amerikanischen Dekonstruktivismus, nämlich Harold Blooms 1973 erschienenes Buch *The Anxiety of Influence. A Theory of Poetry*, in dem, vereinfacht ausgedrückt, Literatur als symbolischer Vollzug der Wolfsgesellschaft dargestellt wird, erschien erst 1995 (!) auf deutsch. So waren es vor allem die französischen Wirbelwinde und die politischen Entwicklungen der letzten zehn Jahre, die unsere kunsttheoretischen Mauern zum Einsturz brachten.

Plötzlich kann man Federn tragen und behaupten, ein Vogel zu sein. Man kann belanglose Romane schreiben, in denen man historischen Figuren und Ereignissen ihren genuinen Stellenwert nimmt, um sie statt dessen als Spielmarken für das eigene dramaturgische Konzept zu gebrauchen. Solche Romane können spannend und schön zu lesen sein, auch wenn man am Schluß nicht recht weiß, was man eigentlich gelesen hat.

Aber warum soll man das nicht schreiben? Von welchem Standpunkt aus will man es kritisieren? Die Wirbelwinde wirkten befreiend.

Niemand widerspricht im Moment. Dekonstruktion wird bei uns vor allem als Destruktion verstanden. Das Produktive, Konstruktive dieses Begriffs wird zu gerne übersehen. Man kann das Lebenswerk von Schriftstellern, denen die kunstphilosophische Rückendeckung verlorengegangen ist, einfach destruieren – und kein Hahn kräht ihnen nach.

Freilich ist damit das Verlangen der produzierenden Künstler, nicht nur zu tun, sondern auch zu wissen, was sie tun, noch nicht an sein Ende gelangt. Kant hat einmal die Unabstellbarkeit des philosophischen Fragens mit einer überraschend zeitgemäßen Metapher beschrieben: »Daß der Geist des Menschen metaphysische Untersuchungen einmal gänzlich aufgeben werde, ist eben so wenig zu erwarten, als daß wir, um nicht immer unreine Luft zu schöpfen, das Atemholen einmal lieber ganz und gar einstellen würden.«

Alle Theorien können neu gelesen werden. Man kann sie heute, nach einer Formulierung von Walter Benjamin, gegen den Strich bürsten. Es besteht seit langem erstmals wieder die Chance für eine Kunstphilosophie der Produzierenden. Keiner einheitlichen natürlich, aber den jeweiligen Interessen angemessen. Es ist eine spannende Zeit. Die Künstler selbst sind in die Lage versetzt, ohne normative Vorgaben zu formulieren, was sie wollen. Aber warum tun sie es nicht? Man sollte eine Vielfalt von Diskussionen und Behauptungen über die unterschiedlichsten Konzepte erwarten. Wo bleiben sie? Warum werden die Feuilletons immer langweiliger? Vielleicht sind wir einfach von den Ereignissen noch zu überwältigt, um das, was geschehen ist, in seiner Konsequenz zu begreifen.

Es gibt eine Parallele zur frühromantischen Situation. Vielleicht ist es gar nicht unangebracht, den Zusammenbruch der benachbarten kommunistischen Staatenwelt in der selben Weise als geistige Befreiung zu erleben, wie das die deutschen Intellektuellen im Blick auf den Zusammenbruch des französischen Feudalsystems taten. Das, was danach kam, hatte sich noch nicht herausgebildet. Die Französische Revolution mündete in eine Schreckensherrschaft. Und statt der Demokratie kam Kaiser Napoleon mit unübersehbaren imperialistischen Gelüsten. Aber ein Prinzip der Subordination war gestürzt und an einem neuen, an einem der Freiheit, wurde gearbeitet, politisch und theoretisch. Mit nur kurzfristigen Erfolgen sowohl da als auch dort.

Zweihundert Jahre bevor Hubert Fichte in unserem Wiener Konversatorium auf seine Weise die hegemonistischen Ansprüche der Metaerzählungen abschmetterte, hatte Johann Gottlieb Fichte geistige Basisarbeit für solche Zurückweisungen geleistet. In der 1793 anonym publizierten Schrift *Beitrag zur Berichtigung der Urteile des Publikums über die französische Revolution* definierte er politische Freiheit als das Recht, »kein Gesetz anzuerkennen, als welches man sich selbst gab«.

Für die frühromantischen Dichter hatte das nicht nur eine politische Bedeutung, sondern zunächst und vor allem eine Bedeutung für ihre eigene Tätigkeit, für das Dichten. Die Freiheit, kein Gesetz anzuerkennen, als welches man sich selbst gab, ist, auf die Kunstphilosophie angewandt, der Tod jeder normativen Ästhetik, ist die Zurückweisung des absoluten Geistes.

»Wir sind aus der Zeit der allgemein geltenden Formen heraus«. Das ist nicht die neueste Charakterisierung der Postmoderne durch Lyotard, sondern das ist ein Zitat von Novalis. Für die Dichtung heißt das nichts anderes, als daß sie sich im wahrsten Sinne des Wortes als befreit versteht. Befreit von jeder Kunstphilosophie als vorgegebenem Richtmaß. Und so hat auch Friedrich Schlegel Fichtes Definition der politischen Freiheit, kein Gesetz anzuerkennen, als welches man sich selbst gab, zur Charakterisierung der Freiheit des produzierenden Schriftstellers herangezogen, wobei Fichtes Formulierung noch durchscheint. Inwiefern ist eine Dichtung als freie zu verstehen? Indem sie, so schreibt Friedrich Schlegel, »als ihr erstes Gesetz anerkennt, daß die Willkür des Dichters kein Gesetz über sich leide«.

Das ist keine zureichende Deutung dessen, was als romantische Dichtung gilt, sondern es ist das, was sich zwei, drei junge Dichter vor zweihundert Jahren eine kurze Zeit lang als deren Grundlage vorgestellt haben. Die Willkür des Dichters, die heute niemand mehr kennen oder zugeben will, als oberste ästhetische Instanz? Eine Willkür, die sich letztlich auch für ihre Begrenzungen und Bescheidungen verantwortlich erklärt. Das mag keine zufriedenstellende Interpretation der *conditio humana* sein. Aber ist es nicht eine wesentlich geglücktere Formulierung der nötigen Voraussetzung literarischen Schaffens als alle Versuche, die es übrigens auch unter den Frühromantikern gab, der Willkür durch Einbindung in das unregulierbare Spiel der Sprache die Beine zu brechen, bevor sie laufen lernt?

Wenn ein erneutes Nachdenken über die Möglichkeiten dichterischer Willkür auch das Ergebnis des Zusammenbruchs der kommunistischen Staatenwelt ist, dann haben wir nicht irgend etwas erreicht, sondern dann stehen wir wieder am Anfang. Mit dem Verschwinden der Theorie vom sozialistischen Realismus stehen auch ihre Opponenten, die Formeln der Avantgarde, plötzlich wie leere Hülsen im Raum.

Dennoch ist die Relevanz unseres Schaffens eine unserer zentralen Fragen geblieben. Der Zusammenhang von Kunst und Leben ist in eine neue Konstellation getreten. Ästhetik ist heute weniger eine Angelegenheit gebildeter Reflexion über Kunstwerke, sondern eine marktstrategische Kalkulation mit dem Massengeschmack. Vielleicht sind die großen Individuen in Politik und Kunst ja wirklich verschwunden, vielleicht ist subjektive Verantwortlichkeit mittlerweile tatsächlich durch ein Spiel ästhetischer Formen ersetzt. Aber wenn das so ist, dann wollen wir wenigstens wissen, was uns bleibt. In einer Zeit, in der die Philosophen Märchen schreiben, sollten sich die Dichter ihre Philosophie nicht mehr vorgeben lassen.

# Sechs

Zum Orchesterkonzert waren viel mehr Menschen gekommen, als man erwartet hatte, und so unterbrach man den Einlaß und begann die Stühle umzustellen. Obwohl sich die Musiker ohnedies schon mit einem äußerst schmalen Streifen an der Stirnseite des Saales begnügen mußten, rückte man die vordere Sitzreihe – in der mich der sogenannte Erziehungsberechtigte an seiner Seite plazierte – derart eng an sie heran, daß dazwischen kein Platz blieb für den Dirigenten. Sein Podium ragte ein Stück in den Mittelgang des Auditoriums hinein. Ich konnte den Taktstock nur sehen, wenn ich den Oberkörper nach vorne beugte und an den neben mir Sitzenden vorbeischaute, was ich aber nur selten tat, weil mich die Blicke der Nachbarn und eine Geste des sogenannten Erziehungsberechtigten belehrten, daß extensive Bewegungen für Zuhörer nicht vorgesehen waren. Aber das war weiter nicht schlimm, denn ich hatte direkt vor mir die Musiker, die meine Aufmerksamkeit bald so einnahmen, daß mir der Dirigent nicht fehlte. Wie aus dem Umstand, daß man vor dem Konzert noch Sitzreihen zu rücken und hinten Stühle aufzustellen begann, leicht zu ersehen ist, handelte es sich um keinen der etablierten Veranstaltungsbetriebe von klassischen Konzerten. Deren Rituale, soweit sie zwischen dem Auftritt des Dirigenten und dessen mehrmaligem Abgang lagen, wurden aber genau eingehalten.

Hätte ein mit dem Verhalten von Konzertbesuchern Unvertrauter allein von der Kleidung auf den Zweck der Zusammenkunft schließen müssen, wäre er vielleicht auf die Idee eines Banketts mit dem Staatsoberhaupt gekommen, aber niemals auf Musik. Auch ich trug damals meinen schönsten Anzug, den einzigen, den ich besaß, und meine schönste Krawatte, die mit dem Gummizug, den ich sorgsam unter dem Hemdkragen versteckte. Mein Traum von einem Selbstbinder stand damals noch vor seiner Erfüllung. Mag sein, daß ich mir während des Konzertes zwischendurch in den Nacken griff, um festzustellen, ob nicht die Verschlußvorrichtung des Gummizugs, ein Ring und ein Haken, wie es leider immer wieder geschah, unter dem Hemdkragen hervorgerutscht war und mich dadurch vor den Augen der feinen Gesellschaft als Eindringling, als Fremdkörper, zu enttarnen drohte.

Wäre es nur der Gummizug der Krawatte gewesen! Ich hätte am Ende dieses Konzertes noch glücklich sein können.

Direkt vor meinen Augen, buchstäblich mit Händen zu greifen, saßen die Geiger, rechts von ihnen die Cellisten, dahinter, eine Stufe erhöht, die Flötisten und Oboisten. Der Rest des Orchesters wäre für mich nur bei ähnlich unstatthaften Verrenkungen zu sehen gewesen, wie ich sie für einen Blick auf den Dirigenten hatte anstellen müssen. Vor allem wollte ich auf die Position meiner Füße achten. Hätte ich sie unbedacht ausgestreckt, wäre das Notenpult des vor mir sitzenden Geigers umgefallen.

Wahrscheinlich war es diese ungewohnte Nähe zu den Musikern, die erstmals ein Orchesterkonzert für mich zu dem machte, was man ein beeindruckendes Kunsterlebnis nennen könnte. Ich beobachtete die Bogenstriche und wartete darauf, daß nur einer ein einziges Mal von den anderen abwiche, aber das geschah nicht. Die Bewegungen der Bögen wechselten exakt im gleichen Moment die Richtung. Bei den Flöten wurden zur selben Zeit immer die gleichen Löcher zugehalten. Über die Griffbretter der Celli tanzte ein Fingerballett. Mit der Zeit entdeckte ich dann doch auch Unterschiede, etwa in der Art, wie auf den Geigenhälsen die Finger vibrierten. Oder vor den Einsätzen. Da wurden die Bögen nicht gleichzeitig, sondern einer nach dem anderen auf die Saiten gesetzt. Die Reihenfolge, in der sie, vor dem gemeinsamen Durchstarten, zu ihrer kurzen Ruhestellung fanden, war zu meinem Erstaunen jedoch fast immer die gleiche.

Diese asynchronen Bewegungen waren unhörbar. Sie waren eine Musik ohne Ton, im Gegensatz etwa zum Umblättern der Notenvorlagen, das für jemanden, der so nahe saß wie ich, immer wieder auch akustisch wahrnehmbar war. Das Orchesterwerk, eine Symphonie, ohne daß ich heute noch sagen könnte, welche es war, stellte sich dar als ein kompliziertes mechanisches Getriebe. Die von den schräg gestellten Pulten aufmerksam abgelesenen Notenfolgen, so begann ich es damals zu sehen, ohne die Worte dafür zu haben, bezeichneten nicht Töne, sondern Bewegungen. Es waren choreographische Anweisungen für den unterschiedlichen Instrumenten zugeordnete Körperbewegungen, die aber nicht unbedingt Töne zur Folge haben mußten. Auf den Notenblättern sind ja auch Pausen verzeichnet, diese bedeuten aber eine möglichst unhörbare Bewegung. Was mich damals an diesem Orchesterkonzert faszinierte, war weniger der Eindruck des musikalischen Zusammenklangs als vielmehr die Zusammenschau der Handgriffe und Lippenbewegungen. Es waren rhythmische Gebärden, die von den unhörbaren, für mich auch unsichtbaren Gesten des Dirigenten angeführt wurden.

Es war nicht das erste Orchesterwerk, das ich hörte, aber es war das erste, dem ich Interesse abgewann. Das Lauschen zu so etwas Unfaßbarem und meist Endlosem wie einem klassischen Orchesterkonzert war für mich bis dahin vor allem langweilig gewesen. Wenn ich Glück hatte, durchspülte es mich mit Erinnerungen und Gedankenbildern, wenn ich Pech hatte, ließ es mich nur ungeduldig das Ende abwarten. Manchmal wechselten die beiden Zustände einander ab.

Als ich damals, in diesem beengten Saal, dem Tanz der Finger, Arme und Bögen folgte, verspürte ich plötzlich die Hand des sogenannten Erziehungsberechtigten auf meinem Knie. Es war dies, wie mir im Moment des Hingreifens schon klar wurde, ohne seinen Blick auch nur zu suchen, keine Geste der Annäherung, sondern eine Lektion: Bei klassischen Konzerten hat man nicht mit dem Fuß zu wippen. Klassische Konzerte sind dazu da, das Unsichtbare unseres Daseins in Bewegung zu bringen, die Seele, die Gefühle, oder wie immer man das bezeichnen will, vielleicht auch den Geist, jedenfalls nicht das für jedermann Sichtbare, den Körper. Dabei war mir der Fauxpas ganz ohne Absicht unterlaufen. Ich wußte natürlich längst, und war bei meinem Versuch, den Dirigenten zu sehen, daran erinnert worden, daß die Körper der Zuhörer während der Aufführung in lang anhaltende Ruhelagen zu bringen waren. Aber während ich den Orchesterbewegungen zugesehen hatte, war mein Fuß mit mir durchgegangen. Ich stellte ihn ruhig. Später, als der Bewegungsdrang erneut in mir aufkam, fand ich eine unauffälligere Weise, ihm nachzugeben. Ich berührte meine Oberschenkel und ahmte die Fingerläufe der Flötenspieler durch leichte Druckbewegungen nach, die kaum sichtbar, aber doch spürbar waren.

Das Schlimmste, und vermutlich der Grund, warum ich mir heute einbilde, das Ganze habe sich so zugetragen, wie ich es gerade erzähle, sollte aber erst kommen. Wenngleich die unmittelbare Begegnung mit dem Bühnengeschehen nun gestört war, weil ich gleichzeitig darauf achten mußte, daß meine eigenen Fingerbewegungen unscheinbar blieben und niemanden irritierten, fand ich mich doch wieder in das sinnliche, vor allem visuelle Erlebnis dieses Konzertes hinein. Direkt vor mir, ohne daß ein unrasierter Nacken, Schuppen auf einer Schulter, oder ein sich langsam aus dem Rückendekolleté herauskämpfendes Büstengeschirr meine Aufmerksamkeit hätte stören können, vollführten die Finger, Arme und Bögen weiter ihr Schauspiel, mal schneller, mal langsamer, und dann kam dieses umwerfende Pizzicato, eine Bewegung, bei der ein Finger drauf und dran ist, die Saite zu streicheln, dann aber überraschend zurückzuckt, als wäre im Geigenkasten ein Skorpion versteckt. Letztlich trug die Langsamkeit den Sieg davon. Die Löcher der Flöten wurden ausgiebig zugehalten, die Hälse der Geigen und die Griffbretter der Celli wurden nur noch an wenigen Stellen, dafür um so nachhaltiger gedrückt. Die individuellen Abweichungen waren gänzlich verschwunden, alle Hände hatten zu tun, aber sie taten es geruhsam, fast gleichförmig. Bis dann der Moment der völligen Erstarrung kam.

Da wußte ich, jetzt bin ich dran, jetzt kommt die Revanche, jetzt habe ich mich zu bewegen. Ich zögerte keinen Augenblick, wartete nicht das Verhalten der anderen ab, sondern klatschte munter drauf los. Zuerst blieb ich allein. Ich wollte schon wieder aufhören, da schlossen sich zögernd doch noch ein paar andere an, sie wurden immer mehr, und bald klatschte der ganze Saal. Ich hatte einen Applaus ausgelöst und war stolz darauf.

Doch irgend etwas stimmte nicht an diesem Applaus. Hätte ich länger zuwarten sollen, vielleicht bis die Geiger, die mich plötzlich anschauten, ihre Bögen von den Saiten abgesetzt hätten? Daß das Orchester nur mich beglückt haben könnte, schied von vornherein aus. Mein sogenannter Erziehungsberechtigter stieß mich in die Seite. Diesmal mußte ich mir sein Kopfschütteln ansehen. Es verhieß nichts Erfreuliches. Der Applaus verebbte schnell. Ein Teil (oder der Großteil?) des Auditoriums hatte vermutlich nur mitgeklatscht, um nicht das Orchester auf den Gedanken zu bringen, das bisher Gebotene habe nicht gefallen, oder aber, um mich nicht blöd dasitzen zu lassen. Der Rest des Konzertes war eine Qual. Ich wünschte mich so weit wie möglich fort von diesen Geigenspielern, die mich gerade noch so fasziniert hatten. Doch in der Kindheit gibt es kein Entkommen.

Als nach langer, langer Zeit endlich alle aufstanden und sich durch die engen Sitzreihen zum Ausgang kämpften, wurde ich durch meinen sogenannten Erziehungsberechtigten belehrt, daß man zwischen den Sätzen einer Symphonie nicht klatschen dürfe. Wenn ich nicht wüßte, wann das Werk zu Ende sei, sollte ich die Reaktion der anderen abwarten und nicht wie ein Bauerntölpel in den Salon der feinen Gesellschaft hineintrampeln. (Letzteres sagte er nicht, aber ich hörte es so ähnlich.) Damit endete das, was ich mein erstes beeindruckendes Konzerterlebnis nennen würde, mit einem hochroten Kopf.

Das Ganze muß sich 1966 abgespielt haben. Seither hat sich zweifellos einiges geändert. Die Kleidervorschriften haben den Charakter verinnerlichter Empfehlungen angenommen. Nicht alle halten sich mehr daran. Dennoch kann man zur blauen Stunde in den zum Karlsplatz führenden U-Bahnlinien auf den ersten Blick sagen, welche Fahrgäste den Abend in der Staatsoper oder im Musikverein verbringen werden. Und man darf vermuten, daß sie dort so ruhig sitzen werden, manche mit schiefem Kopf, manche mit verdrehten Augen, als hätte ihnen in der Karlsplatz-Passage jemand ein Betäubungsmittel verabreicht.

Musik hat etwas mit Körperbewegung zu tun. Nicht nur bei denen, die sie ausführen, auch bei denen, die ihr zuhören. Wenn heute jemand behauptet, klassische Musik sei »lähmend«, dann gibt ihm der Augenschein recht. Aber ist es wirklich die Musik, die lähmt? Sind es nicht vielmehr die Betriebsrituale? Zweifellos laden viele Stücke der klassischen Musik nicht gerade zum Tanz ein, manche tun es doch. Aber das einzige, was sich heute zu einem Menuett noch bewegt, sind die Musiker, der Dirigent und die Zeiger der Uhr. Der Unterschied liegt nicht in der Einladung zur Bewegung, in der Tanzbarkeit. Es gibt auch Rock-Musik, zu der man in einem traditionellen Sinne nicht tanzen kann, oder Blues. Doch es gibt auch Bewegungen der Traurigkeit. Jede Kultur scheint sie zu kennen. Nur bei uns stehen die Menschen selbst bei Begräbnissen da wie Soldaten auf dem Appellplatz.

Der Siegeszug von Jazz, Rock, Blues, Reggae, HipHop, Dancefloor und wie immer die populären Musikarten der letzten Jahrzehnte sonst noch heißen mögen, hat mit der Befreiung des Köpers aus den Rezeptionszwängen des klassischen Kunst- und Kulturbetriebs zu tun. Die Bewegungsformen, die dabei auftreten, sind durchaus vielfältig. Sobald sie etwas modisch Zwanghaftes bekommen, formieren sich irgendwo die ersten Gruppen, die ausbrechen und eine neue Körpermusik kreieren.

Bei klassischer Musik scheint es jedoch nur eine Reaktion zu geben: Wie angewurzelt auf dem Stuhl zu verharren und seine Begeisterung für den Moment aufzusparen, wenn der Dirigent den Schlußakkord abgewunken hat. Und selbst dann muß man das Gehörte noch eine Idee lang nachklingen lassen, um das heilige Raumecho nicht zu stören. Obwohl es in Österreich immer noch eine verbreitete Gepflogenheit ist, zum Jahreswechsel den Donauwalzer zu tanzen, wird dieser musikalische Haussegen beim Neujahrskonzert der Wiener Philharmoniker in einer Weise gespendet, als hätte ihn Johann Strauß für die Sprungböcke des Wiener Staatsopernballetts komponiert. Aber gerade dieses Konzert, so könnte man mir antworten, sei doch ein gutes Beispiel dafür, daß ich maßlos übertreibe. Tatsächlich gibt es da noch den Radetzky-Marsch, bei dem alle im Saal begeistert mitklatschen. In diesem Fall, so muß ich zugeben, stehen die Zuhörer einmal nicht in Reih und Glied auf dem Appellplatz, sondern marschieren im Gleichschritt ins Feld, daß einem angst und bang werden kann. Die historischen Feinde, gegen die diese Musik komponiert wurde, sind übrigens die Italiener, die, sieht man sich in ihren Städten um, die Körper nicht ruhig und diszipliniert in ihren vier Wänden halten können. Da die österreichische Armee längst abgedankt hat, rückt man mit Fernsehbildern in die Welt hinaus und verbreitet dabei dieselbe Botschaft: Hohe Kultur hat etwas mit militärischer Disziplin zu tun.

Daß Dancefloor, Reggae oder Rock-Musik ein anderes Rezeptionsverhalten nach sich ziehen, als, sagen wir, eine

Mahler-Symphonie, steht außer Diskussion. Aber ist das Publikumsverhalten des klassischen Konzertbetriebs bei Neuer Musik anders als bei Vivaldi? Das Auditorium benimmt sich, als wäre es an ewig feststehende Regeln gebunden. Warum bildet es nicht, wie bei der populären Musik, jeweils seine zeitgenössischen Rituale aus? Hielte einer im Wiener Musikverein beim vierten Satz von Mahlers Fünfter, der sich gut dafür eignen würde, ein angezündetes Feuerzeug hoch, müßte er aller Wahrscheinlichkeit nach den Saal verlassen. Und eher würde man vermutlich Sitzgurte und Anschnallpflicht einführen, bevor man es Zuhörern gestattete, während des musikalischen Vortrags aufzuspringen und laut Beifall zu äußern.

Man könne das wegen der Plattenmitschnitte, oder wegen der Rundfunkaufnahmen nicht zulassen, würde vermutlich eines der Argumente lauten. Bei Live-Mitschnitten von Pop-Konzerten ist es selbstverständlich, daß man auch während des musikalischen Vortrags zwischendurch das Publikum hört. Ja, man muß es sogar hören, zumindest gelegentlich, sonst würde das Produkt von den Käufern gar nicht als Live-Mitschnitt akzeptiert werden. Applaus kann man auf Platten immer einspielen. Was den Live-Charakter auszeichnet, sind jene Reaktionen, die auf das Konzert Einfluß nehmen und ihm einen besonderen Zuschnitt, eine besondere Qualität verleihen. Die Live-Mitschnitte so mancher Songs von Bruce Springsteen, selbst dann, wenn sie zwischendurch im Gejohle unterzugehen drohen, sind wesentlich spannender und aussagekräftiger als die gut abgemischten und technisch perfekten Studio-Versionen. Und wie ist das bei Live-Mitschnitten von Symphonien? Zwischen den Sätzen hustet sich das Publikum ab. Am Ende beginnt von der Galerie herunter das Bravo-Gejohle – »Bravo! Bravo!« – und man fragt sich, wo die Menschen während des ganzen Konzertes versteckt waren. Hat der Dirigent Glück gehabt, darf er jetzt, nachdem er viel Musik ohne Applaus dirigiert hat, viel Applaus ohne Musik dirigieren. Er nimmt ihn mit erhobenen Armen auf, reicht ihn weiter an den ersten Geiger, an die Solisten, an die Instrumentengruppen, schließlich an das ganze Orchester und geht ab. Ende des ersten Satzes. Aber er kommt zurück und dirigiert noch einen zweiten Applaussatz und dann noch einen, was einigen Menschen, die den strahlenden Herrn bei der musikalischen Symphonie introvertierter fanden als bei der Applaussymphonie, die Gelegenheit gibt, bei der Garderobe ihren Mantel ohne Wartezeit in Empfang zu nehmen.

Ein noch heikleres Thema als das Publikumsverhalten ist die Bühnenshow. Es gibt sie natürlich auch bei klassischen Konzerten, aber sie muß strikt den exklusiven Gesetzen der eigenen Zunft folgen. Kleidervorschrifen spielen dabei eine erhebliche Rolle. Die Männer treten in fein differenzierter Uniform auf, die Frauen haben scheinbar größeren Spielraum. Aber eben nur scheinbar. Selbst wenn das Kleid vom teuersten Modedesigner stammt, muß es zumindest Zitate voriger Jahrhunderte in sich tragen. Eine Diva in Jeans läutete den Untergang des Abendlandes ein.

Daß es noch immer Orchester gibt, in denen keine Frauen zugelassen sind – wenngleich bald nur noch in Wien und in der Welt des islamischen Fundamentalismus –, ist jenseits jeder Diskussionswürdigkeit. Das äußerste, was unser seriöser Konzertbetrieb an Bühnenshow anzubieten hat, ist der Altherrenhumor der Wiener Philharmoniker beim Neujahrskonzert.

Denn die Auftritte von Pavarotti & Co in ausverkauften Fußballstadien gelten dem feinen Klassikkenner ja als Fehltritte ins Vulgäre. Immerhin beweisen sie, daß man mit Arien Fußballstadien füllen kann. Würde dasselbe Programm im Wiener Musikverein geboten werden, selbstverständlich ohne Mikrophon und Lichtanlage, Pavarotti unplugged sozusagen, wären die Puristen der Hochkultur begeistert. Man würde das Programm vielleicht als »sehr populär« bezeichnen, aber es trotzdem genießen. Nicht weil die Darbietung unbedingt besser geworden wäre, sondern weil sich in ihr eine traditionelle Klangform mit einer traditionellen Exklusivität verbände. Man hat schließlich nichts gegen das Populäre, wenn nur das Volk nicht dabei ist. In den Betrieben der Hochkultur ist das Volk dazu da, für die Themen und Gagen aufzukommen. Weil es das bisher ohne Murren mitmacht, gilt es als dumm.

Ich kann das Kapitel, das mit der Geschichte von meinem hochroten Kopf begann, nicht zu Ende bringen, ohne zu erwähnen, daß sie ein im Prinzip voraussehbares Nachspiel hatte. Natürlich wollte ich gut zwanzig Jahre später meine eigenen Kinder nicht von klassischer Musik fernhalten. Daher schrieben wir uns, nach langer Suche, in den Zyklus »Für Kinder und Kenner« des Wiener Konzerthauses ein. Was als kindergerecht angekündigt war, bestand zum einen darin, daß zwischen den einzelnen Stücken ein Endlosschwätzer auf der Bühne stand, der diejenigen, die brav aufzeigten und schon alles über klassische Musik wußten, auch hin und wieder zu Wort kommen ließ, und zum anderen in der freundlichen Rücksichtnahme, daß man keine ganzen Symphonien spielte, wodurch kein Kind in die Verlegenheit geriet, zwischen den Sätzen zu applaudieren. Ansonsten war alles beim alten. Gurte waren an den Sitzen noch nicht montiert. Die wenigen Fratzen, die bis in die Gänge entkamen, waren schnell wieder eingefangen. Ob es dabei blieb, weiß ich nicht, weil wir den letzten Konzerten der Kinderreihe auf Wunsch der Kinder fernblieben.

Als ich ein paar Jahre später, im Juni 1996, erneut ins Konzerthaus kam, standen achthundert Kinder auf der Bühne und forderten zur Marschtrommel dazu auf, »alle Türken zu verjagen«. Sie sangen das historische Prinz-Eugen-Lied, das nicht zum ruhigen Sitzen, sondern zum Tanz einlädt, zum Tanz der Waffen gegen die Türken.

»Ihr Konstabler auf den Schanzen,
spielet auf zu diesem Tanzen
mit Kartaunen groß und klein,
mit den großen, mit den kleinen
auf die Türken, auf die Heiden,
daß sie laufen all' davon!«

Im Programmheft fand sich dazu die lakonische Bemerkung: »Bezugnahmen auf die Jetztzeit schließen sich von selbst aus.« Aber achthundert Kinder der Wiener Volksschulen, darunter vermutlich auch ein paar türkische Kinder, hatten diesen Text auswendig gelernt.

## Sieben

Im Warteraum eines Flughafens setzte ich mich neben eine Frau, die in einem Buch las. Eine lesende Frau ist mir als Nachbarin lieber als ein Mann mit Handy oder Laptop. Wie immer, wenn jemand neben mir ein Buch liest, warf ich einen verstohlenen Blick darauf, um aus der Art der Lektüre ein erstes, oder vielleicht doch zweites, Vorurteil zu gewinnen. Es war ein dickes Taschenbuch. Am oberen Rand der linken Seite stand in Großbuchstaben JOHN GRISHAM, auf der rechten Seite THE CHAMBER. Das Buch hatte eine Besonderheit. Obwohl die Paginierung eine Zahl über hundert zeigte, war auf der linken Seite nur ein Blatt zu sehen. Der vordere Teil war offenbar weggebrochen, wie das bei billigen Taschenbüchern, wenn man sie zu stark knickt, vorkommen kann. Doch ich sollte eines Besseren belehrt werden. Als die Frau die Seite fertiggelesen hatte, riß sie das Blatt heraus und warf es neben sich in den Papierkorb. Dasselbe tat sie, als sie mit dem nächsten Blatt fertig war. Als wäre es Kleenex oder Toilettenpapier, nahm sie ein Blatt nach dem anderen zur Hand, benutzte es und warf es fort. Erstaunt saß ich daneben und dachte mir: Endlich jemand, der weiß, wozu Literatur gut ist, zum Lesen und nicht als Gewichtszulage für das Handgepäck.

Bücher sind, wie CDs, Videokassetten, Computerspiele und Daten-Modems, gleichzeitig kulturelle Gebrauchs- und Konsumgüter. Im Gegensatz zu den anderen genannten Gegenständen kann man sie jedoch umstandsloser konsumieren, ohne Stromanschluß, Abspielgerät, Telefonleitung oder Paßwort. Unter normalen Lektürebedingungen, also ohne Regen, Schneefall, Hagel und Kleinkinder, bleibt ihre materielle Dimension weitgehend erhalten. Das unterscheidet sie etwa vom kulturellen Gebrauchsgegenstand Parfum. Die Erfahrung lehrt jedoch, daß die meisten Bücher, trotz ihrer Haltbarkeit, nur einmal gelesen werden, manche nie. Ein Gebrauchsgegenstand ohne Gebrauch, ein Konsumgegenstand ohne Konsum ist entweder Kunst oder Müll. Da sich, von speziellen bibliophilen Ausgaben abgesehen, literarische Bücher jedoch nur dann als Kunst darstellen können, wenn man sie liest, werden sie zweckentfremdet und in der Wohnung als merkwürdig unoriginelle Ausstellungsgegenstände benutzt. Sie sind kultureller Müll, der einen Speicherplatz im Gehirn des Besitzers imitiert. Die Titel der Bücher und ihr Zustand können freilich schnell die Wahrheit ans Tageslicht bringen. Manche Anfänger vergessen nämlich, Neuerwerbungen ein paarmal kräftig übers Knie zu legen und in die Werke, die sie nicht verstehen, sichtbare Merkzettel hineinzustecken.

Da sind diejenigen, die ihre Bibliothek durch einen Pentium-Prozessor mit Internet-Anschluß ersetzt haben, besser dran. Sie können immerhin von sich behaupten, daß sie Zugriff auf den Katalog der Library of Congress in Washington haben. Wenn man freilich weiß, daß einem der Versuch eines solchen Zugriffs gewöhnlich ein paar Stunden Wartezeit abverlangt und das Herunterladen eines Titels ein paar weitere Stunden dauern kann, dann sieht es mit der geistigen Statusimitation durch Internet-Technologie nicht sonderlich gut aus, und auch der Pentium-Prozessor bekommt ein ausgeprägtes Müllproblem.

Ich kannte einen, der hob von jeder Flasche Champagner, die er trank, den Korken auf. In seinem Wohnzimmer hing in der Mitte einer ansonsten frei gehaltenen Wand ein flaches Regal, in dem ein paar hundert Korken die Umrisse von John Lennon nachbildeten. Ich konnte das Bild nicht sofort erkennen. Aber als ich die Korkensammlung dann von der gegenüberliegenden Wand her betrachtete und schon wußte, wonach ich suchte, war ich beeindruckt. Das sei, sagte er, seine jährliche Weihnachtsspielerei. Jeden heiligen Abend verbringe er damit, das Regal mit einigen Fertigteilen zu erweitern und ein neues Bild von John Lennon nachzustellen. Später erwähnte er noch eine Putzfrau, die gerade aus Rumänien gekommen war und kaum Deutsch verstand. Aber diese Geschichte muß ich hier nicht erzählen, weil sie den Schablonen jener Literatur folgt, bei der man am Anfang schon weiß, wie sie endet.

Obwohl wir an diesem Abend Champagner tranken, kam mir der Verdacht, der Mann könnte schwindeln, weil er, wie ich nebenbei herausbekam, nicht sonderlich viel verdiente. Er hatte offenbar heimliche Korkenzulieferer, oder er durchstöberte am frühen Morgen die Abfalltonnen von Nobellokalen. Das ließ mich erst recht an meine Bibliothek denken, in der auch viele Bücher stehen, die ich nie gelesen habe, und noch mehr Bücher, die ich nie wieder lesen werde. Allerdings habe ich den Vorteil, daß ich die Bücher theoretisch noch lesen könnte, während er aus seinen Korken um keinen Preis mehr den Saft herauskriegen wird, den sie einst sicher verschlossen.

Bis vor einigen Jahren hatte ich das Problem, daß ich zweierlei Dinge nicht wegwerfen konnte, Brot und Bücher. Meine Bibliothek glich einer literarischen Müllhalde. Alle Bücher, von denen ich mit Sicherheit wußte, daß mir die Zeit für sie zu kostbar war, lungerten dort herum und forderten mich, wenn ich ihnen zu nahe kam, auf, endlich über ihre Zukunft zu entscheiden. Sie waren auch nicht von der Art, daß mir ein Besucher mit Entzücken und Bewunderung hätte zurufen können: »Was, du hast eine Gesamtausgabe von Fernando Pessoa?« sondern mehr von der Art, daß ich zu befürchten hatte, irgendwann einmal für einen Geschmack geradestehen zu müssen, den ich gar nicht hatte. Und so kam es dann zu meiner ersten Schenkung an den Flohmarkt der Katholischen Jugend. Wenn das langfristig zur Folge hat, daß der Dritte-Welt-Kaffee, den sie vertreibt, eine Spur liebevoller geröstet wird, habe ich tatsächlich ein gutes Werk getan.

Wie alles, was man aus einem inneren Mehrheitsbeschluß heraus unternimmt, obwohl man ebenso die Minderheit verkörpert, hatte auch diese Schenkung ein seelisches Nachspiel. Mit von der Partie waren nämlich auch mehrere Bücher von Johannes Mario Simmel, eines gelesen, der Rest ungelesen. Das war mir dann peinlich, als ich Herrn Simmel kennen und dabei schätzen lernte. Selbstverständlich habe ich ihm nicht erzählt, wie ich mit seinen Werken umgegangen bin, weshalb ich es hiermit, meiner Erziehung folgend, dem Markt beichte, der, wie Thomas Rothschild zu Recht bemerkt, weitgehend die Funktionen des lieben Gottes übernommen hat.

Immerhin gebe ich mir mittlerweile alle Mühe, Bücher als Gebrauchs- und Konsumgegenstände zu sehen und ihren Charakter als Ausstellungsgegenstände einzudämmen. Um nicht auch noch vor der Katholischen Jugend als geschmacklich mißraten dazustehen, habe ich einige Bücher sogar weggeworfen. Das fällt mir mit den kulturellen Waren mittlerweile leichter als mit Brot. Dieses muß ich selbst dann, wenn ich weiß, daß ich es sicher nicht mehr esse, noch so lange liegen lassen, bis es erste Schimmelspuren aufweist, damit neben dem ästhetischen auch noch ein handfestes, nämlich gesundheitliches Argument für dessen Vernichtung vorliegt. Freilich habe ich auch auf dem literarischen Sektor noch einige Arbeit vor mir, bis ich soweit bin wie jene Frau im Warteraum und Bücher schon beim Lesen Blatt für Blatt zerpflücke. Da ich mit zunehmendem Alter immer stärker auf das Prinzip der Müllvermeidung setze, kann es sein, daß ich dieses zweifelhafte Glück niemals wirklich werde auskosten können.

Im Deutschen gibt es den schönen Begriff Unterhaltungsliteratur. Wegen dieses Wortes ist schon viel polemisiert worden. Meist wird es pejorativ gebraucht, als Bezeichnung für alle jene literarischen Werke, die nicht würdig sind, Kunst genannt zu werden.

»Was, Kunst und Unterhaltung sollen sich nunmehr ausschließen? Haben Sie nicht Brecht gelesen?« So kontern die Gegner einer pauschalen Abqualifizierung jener Literatur, die auch einem größeren Publikum zugänglich ist. Von Massenpublikum wird man ja nur bei jenen Ausnahmen reden können, deren Auflagen in unserem Sprachraum ein paar hunderttausend Stück erreichen. Aber selbst dann bilden die Leser insgesamt nur ein halbes Prozent der deutschsprachigen Bevölkerung. Wenn jemand einmal den Super-Bowl gewinnt, wie zur Zeit offenbar Robert Schneider, dann erreicht er gerade ein Prozent der Bevölkerung.

Ich kann mich über die Streitereien um den Begriff Unterhaltungsliteratur nicht genug wundern. Ich weiß nämlich, was darunter zu verstehen ist. Ich lese nur Unterhaltungsliteratur. In letzter Zeit waren dies Werke von Paul Auster, Theodor W. Adorno, Franz Kafka, Peter Handke, Jacques Derrida, Harold Bloom, Hans-Jörg Schertenleib, Richard Shusterman, Ernst Jandl, Uwe Wittstock, Immanuel Kant, Allen Ginsberg, Ingeborg Bachmann, Flann O'Brien und die Antrittsvorlesung des Wiener Ästhetikprofessors Rudolf Burger, bei deren Lektüre ich mich köstlicher unterhalten habe als bei jeder anderen der genannten Autoren. Hinzu kamen noch Artikel aus Zeitschriften und Magazinen sowie ein Handbuch über die Anwendung einer speziellen Software. Letzteres fand ich stinklangweilig. Die Lektüre war zum Glück zweckgebunden, und es bestand Aussicht auf ein baldiges Ende.

Ein Freund, der mir das Buch lieh, besitzt eine ganze Bibliothek solcher Bücher. Sie sind seine Lieblingslektüre. Er hat es geschafft, ein Regal mit Büchern zu füllen, die dem Betrachter nichts anderes signalisieren als den Hinweis auf seinen Super-Computer. Aber er ist kein Angeber. Er braucht diese Bücher, wenn ihm wieder einmal ein Programm zusammenbricht. Zum Beispiel jenes, mit dem er die Figuren von Videofilmen mit den Köpfen seiner Familie ausstattet. Um originelle Geschenke, die andere in Erstaunen versetzen, ist er nie verlegen. Er ist ein kreativer Mensch. Der gute Computer und das angelernte Know-how, ihn zu bedienen, reichen nicht aus, man braucht auch Ideen. Mittlerweile hat er seine eigene Homepage im Internet. Sie ist graphisch so raffiniert gemacht, daß er schon mehrere Anfragen von professionellen Homepagegestaltern erhielt. Aber das interessiert ihn nicht.

Er liebt seinen Beruf, der mit seinem aufwendigen kreativen Hobby auf den ersten Blick gar nichts zu tun hat. Was er den Menschen im Internet mitteilt? Die neuesten Erkenntnisse über angeborene Stoffwechselstörungen.

Das meiste, was ich lese, findet mein Freund langweilig. Für ihn ist das keine Unterhaltungsliteratur. Darin dürfte er mit vielen Kunstphilosophen und Literaturkritikern einig sein. Unsere unterschiedlichen Geschmäcker haben uns nicht auseinandergebracht. Vielleicht auch deshalb, weil meine Begegnung mit der ihr Buch zerpflückenden Frau in die Zeit fiel, als seine digitale Obsession begann. Außerdem gibt es zum Glück mehr Gesprächsthemen als Literatur und Computer.

Er legt, anders als früher, keinen Wert auf große Gesellschaften und kommuniziert mit der Welt lieber via Internet als auszugehen. Aber an einer Massenveranstaltung, dem Wiener Lichtermeer gegen Fremdenhaß und restriktive Fremdengesetze, hat er teilgenommen, ohne daß ich ihn dazu überreden mußte. Im Politischen sind wir uns in den letzten Jahren nämlich nähergekommen. Er ist, so wie ich, Wechselwähler, wenngleich wir uns nicht immer für dieselbe Partei entscheiden.

Sind wir zusammen, sprechen wir manchmal über Literatur. Ich entwickle dabei den Ehrgeiz, ihm Bücher zu empfehlen, deren Lektüre mir Spaß gemacht hat und von denen ich annehme, daß sie auch ihm gefallen könnten. Woher, so frage ich mich, kommt dieser Ehrgeiz, dieser merkwürdige missionarische Eifer, Literatur auch jenen nahe zu bringen, die von sich aus kein besonderes Bedürfnis danach haben. Umgekehrt ist es nämlich durchaus nicht so, daß er mir ständig seine

Computerbücher andrehen wollte, im Gegenteil, er hat zur Kenntnis genommen, daß ich daran nur ein beschränktes Interesse habe, und stellt mir sein Wissen immer dann, wenn ich es brauche, uneigennützig zur Verfügung.

Die Frage läßt sich zunächst einmal ganz nüchtern beantworten: Ich, als Autor, werbe um Absatz für meine Ware, er geht einem kreativen Hobby nach. Selbst wenn ich keine Werbung für eigene Produkte betreibe, habe ich Interesse an der Existenz eines literarischen Marktes mit einem Typus von sogenannten Verbrauchern, deren Lese- und/oder Kaufverhalten letztlich auch meiner eigenen Literatur zugute kommt. Ich bin Produzent von geistigen, literarischen Waren, und das bleibe ich unabhängig davon, auf welche Weise diese Waren in Verkehr gebracht werden: Als Artikel, als Buch, als Hypertext auf CD-ROM, als Vortrag, als Lesung, als Performance, als Webside im Internet, als Lied, zu dem ich die Verse, als Film, zu dem ich das Drehbuch, oder als Bühnenstück, zu dem ich den Dramentext schreibe. Der Begriff Warenproduzent würde erst dann nicht mehr auf mich zutreffen, wenn ich von vornherein verzichtete, meine Texte in kommerziellen Umlauf zu bringen.

Aber wäre es anders, wenn ich mein Auskommen in einem anständigen Beruf suchte und, vergleichbar dem Wiener Dichter Helmut Seethaler, der seine Texte mit Klebebändern an Bäume und Litfaßsäulen zum Abpflücken aufhängt, meine Literatur nur noch ins Internet einspeiste, nach dem Motto: Wer will, kann sich bedienen, wer nicht will, soll es bleiben lassen – ich verdiene nichts daran. Würde ich mir nicht auch dann, wenn kommerzielles Interesse wegfiele, vom Provider die Zahl der wöchentlichen Anlogger geben lassen, so wie ich mich jetzt für die Verkaufszahlen meiner Bücher interessiere? Die ökonomische Position als Warenproduzent allein kann es also nicht sein, von der heraus sich mein Wunsch, die Menschen sollten Bücher lesen, begründen läßt.

Es scheint bei all jenen, die den Verkaufserfolg von Literatur eo ipso für eine verdächtige Angelegenheit halten, in Vergessenheit geraten zu sein, daß Literatur auch ein Kommunikationsmedium ist, und das heißt für den Autor, eine Mitteilungsform. Der Wunsch des Autors, daß seine literarischen Mitteilungen für möglichst viele Menschen von Interesse sein mögen, liegt meiner Ansicht nach in der Art der Tätigkeit begründet. Ernst Jandl hat einmal einem Gedichtband das Motto vorangestellt: »Mein Schreibtisch ist gedeckt für alle.« Nicht daß er sich Illusionen darüber machte, daß auch alle zum literarischen Verzehr kommen, aber im Prinzip sind sie herzlich eingeladen. Das mag nicht jeder Autor so sehen. Manche mögen tatsächlich bestimmte Menschengruppen, gar Gruppen von Kritikern, im Auge haben. Aber daß jemand nur für sich selbst und sein Werk schriebe, nicht aber für Leser, ist nichts als eine hartnäckig und feierlich gepflegte Legende.

»Für wen haben Sie das geschrieben?« ist eine vor allem von jungen Menschen häufig gestellte Frage. Und obwohl ich beim Abfassen eines Textes selbstverständlich daran denke, daß er auch gelesen werden soll, muß ich ehrlicherweise auf die Frage antworten: »Für mich.« Ich stelle mir nämlich hauptsächlich mich als Leser vor. Aus inhaltlichen Gründen – vor allem wenn der Text Anspielungen enthält – kann es schon vorkommen, daß ich auch an andere Personen als mögliche Leser denke, aber das ändert nichts daran, daß ich Texte schreiben will, die zunächst einmal mir als Leser gefallen. Dieser Leser ist aber nicht einfach Adressat des Textes, sondern sein Coautor, sein Lektor, sein Kritiker. Würde die Unterscheidung von Autor und Leser in einer Person dadurch nicht gänzlich widersinnig werden, müßte ich sagen: Ich, der Leser, bin mir beim Verfassen eines Textes wichtiger, als ich, der Autor. Als Autor verrenne ich mich nämlich leicht. Ich bin gefangen in meinen Vorstellungen, verliebt in meine Formulierungen, getrieben von meinen Intentionen, manchmal so heftig, daß ich im Raum herumlaufe und Sätze formuliere, die dann weitere Sätze nach sich ziehen, endlich zum Computer zurückkomme, nur um festzustellen, daß ich den Anfang vergessen habe, den ich dann an jener Stelle des Raumes, an der ich ihn noch gehabt habe, suchen gehe, meistens mit Erfolg. Da es dieses Verfahren aber oft genug mit sich brachte, daß ich während der Suche des Anfangs die fortlaufenden Sätze vergaß, habe ich es mir zur Eigenheit gemacht, zunächst einmal das aufzuschreiben, was mir präsent ist, und erst dann den Anfang oder die sonstigen Lücken suchen zu gehen. Gedanken, die spätere oder frühere Textteile betreffen und die, ohne anzuklopfen in den schönsten Formulierungsfluß hineintrampeln, habe ich früher auf einer Unmenge von kleinen Zetteln vermerkt, mittlerweile werden sie in ein sogenanntes Fenster hineingeschrieben, das meist den Titel »Material« trägt und von Zeit zu Zeit abzuarbeiten ist. Dieses Materialfenster hat es in sich, weil es geeignet ist, den gerade noch als prächtig empfundenen Textkörper in eine Großbaustelle zu verwandeln, aus der das einstige Kellergeschoß, der Ausgangsgedanke des Textes, letztlich als Dachfirst hervorgeht.

Wenn ich mich zu intensiv in dieser merkwürdigen Schreibeuphorie verfange, die sich nach entsetzlich mühsamen Anfängen einstellen kann, klatschen die Hände zwischen den schönen literarischen Sätzen einmal kräftig zusammen, um mir, dem Autor, zu sagen, daß es höchste Zeit wäre, wieder einmal mich, den Leser, ins Spiel zu bringen und mich, den Leser, zu fragen, ob ich das, was ich, der Autor, geschrieben habe, auch als Leser nachvollziehen kann. Ich als Leser will mich bei der literarischen Lektüre vor allem unterhalten, mal auf höherem Niveau, mal auf niedrigerem Niveau, das wechselt. Und ich verlange von mir, dem Autor, nichts anderes, als daß ich meinen Wünschen als Leser gerecht werde, mal auf höherem Niveau, mal auf niedrigerem. Wobei mir das niedrigere Niveau – ich verstehe darunter eine Einstellung, die keine Lust hat, sich darum zu kümmern, wie Kunst heute auszusehen habe – in letzter Zeit immer mehr Spaß macht.

Diesem Wunsch nach Abwechslung im Unterhaltungslevel kann ich bei kleineren Texten, etwa bei meiner wöchentlichen Kolumne im Internet, gut nachgeben. Schwieriger wird es freilich bei längeren Texten, etwa einem Roman. Ich kann ja als Autor die Stimmung, die ein Roman für mich, den Leser, vermittelt, nicht ständig davon abhängig machen, welche Stimmungen ich, der Leser, gerade von mir, dem Autor, erwarte. Hier kommt eine Art von kreativer Disziplin ins Spiel. Es muß mir, dem Autor, gelingen, mich, den Leser, in die im Werk nun schon einmal angelegte Stimmung hineinzuziehen, so daß ich am Morgen, wenn ich den Tag damit beginne, das in der Nacht Geschriebene zu lesen, nicht voller Entsetzen feststelle »Oh Gott, wie langweilig«, und mich ins Bett zurück oder ins nächste Wirtshaus wünsche.

Bei der Abfassung des Romans *Opernball* habe ich mit der fünffachen, ineinander verschachtelten Rollenprosa nach langem Herumirren ein Konstruktionsprinzip gefunden, das es mir erlaubte, diesen wechselnden Stimmungen nachzugeben. Ich habe jeweils an der Rolle weitergeschrieben, die mir gerade am nächsten war. Es kam immer wieder vor, daß ich an einen Punkt geriet, an dem ich nicht weiterwußte, an dem ich, der Leser, das Interesse an dem verlor, mit dem ich, der Autor, mich gerade abquälte; dann schrieb ich an einer anderen Rolle weiter, oder begann mir eine neue auszudenken. Aber nicht alle Figuren, die ich mir auszudenken begann, haben letztlich Aufnahme in den Roman gefunden, das wäre mir, dem Leser, der ich zwischendurch das Unternehmen auch en gros zu beurteilen hatte, zu manieriert vorgekommen. Vielleicht sollte ich noch hinzufügen, daß ich meinen Unterhaltungswunsch keineswegs als Teil einer privilegierten Sinnlichkeit verstehe, weshalb ich glaube, daß das, was mir gefällt, auch anderen gefallen könnte. Wieviele das sind, vermag ich nicht zu sagen, und es ist auch tatsächlich, je nach Text und Art der Darbietung, höchst unterschiedlich.

Daß es keine allgemein verbindlichen Kriterien gibt, anhand derer man wissen kann, ob ein Werk gut ist, ist längst keine normative Behauptung mehr, sondern schlicht eine Tatsachenfeststellung. Es gibt natürlich solche Kriterien, jede Menge sogar, bloß haben sie keine allgemeine Verbindlichkeit.

Es wimmelt geradezu von Adjektiven, die für die Qualifizierung von Kunst verwendet werden: Niveauvoll, originell, innovativ, aussagekräftig, komplex, stringent, unterhaltsam, hermetisch, treffend usw. Mich interessieren solche Kriterien –

besonders dann, wenn sie nicht meine eigenen sind. Ich lese gerne Kunstkritiken und ästhetische Abhandlungen. Sie haben einen Einfluß auf meine Sicht von Kunst und Kultur. Aber ich wüßte nicht mehr anzugeben, was gut ist. Ich vermag nur noch zu sagen, was ich für gut befinde, und das ist, allgemein gesprochen, das, was mich unterhält. Unnötig zu erwähnen, daß es auch sehr grausige und erschütternde Dinge sein können, die mich unterhalten.

Aber manchmal steht eindeutig das Amüsement im Vordergrund. So geschehen bei der Lektüre der oben erwähnten Antrittsvorlesung von Rudolf Burger in Wien. Sie war in der Zeitschrift *Wespennest* abgedruckt. Zunächst wird mit klassischen Argumenten der Kulturbetrieb als Verblendungszusammenhang durchschaut, dem nunmehr auch die Kunst zum Opfer gefallen sei. Denn, so Burger, »Kunst in postmodernen Zeiten ist, wie schon in religiös-vormodernen, das Zentrum des Betriebs der Kultur, bestenfalls ihr Emergenz, nicht der Ort ihrer Überschreitung. (...) Die kleinbürgerliche Gesinnungsaffirmation der Kultur ersetzt verlorengegangene ästhetische Kriterien und kassiert das kritische Potential der Kunst.«

Aber wie kann man das wissen? Wie kann sich ein kritischer Denker darüber noch erheben? Da die marxistische Utopie in postmodernen Zeiten als Richtschwert stumpf geworden ist, wird, dem Ende philosophischer Metaerzählungen angemessen, eine gerade noch verloren geglaubte Instanz erneut zum transzendentalen a priori aufgeblasen: die Kunst natürlich, nein, die wahre Kunst, die Antikunst, in der die »Lust an der Imagination des Bösen« sich ausdrückt und die sich dadurch der Vereinnahmung durch den Kulturbetrieb zu entziehen vermag. Kunst, die Sinnangebote schafft, sei verloren zu geben. Nur der »Heroismus des Absurden« sei »dem modernen Empfinden«, das »aus dem Bewußtsein radikaler Endlichkeit und ontologischer Sinnlosigkeit« lebt, noch angemessen.

Aber hat nicht Burger selbst behauptet, die Zeiten der normativen Ästhetik seien endgültig vorbei? Das hört sich dann so an: »Kunst ist kein moralisches Sinnstiftungsunternehmen, Museen und Theater sind keine Besserungsanstalten, Gemälde keine säkularisierten Ikonen. Und die Warnungs- und Erweckungsprosa hat allenfalls im Umkreis der Kirchen und Parteizentralen ihren Platz. Aus der Literatur sollte man sie rausschmeißen.«

Und flugs haben sich neue Normen eingeschlichen, die im Dienste des radikal Bösen uns zu sagen vermögen, was Kunst alles nicht darf. Ausgegangen war Burger von der Erkenntnis, daß der Proletarier im »liberalen juste milieu« mehr denn je verachtet wird, »weil er kein ›Kulturträger‹ ist und schlechte Manieren hat«. Am Ende wird der Proletarier, der sich mit der Scheinwirklichkeit der Unterhaltungsindustrie begnügt, nicht rehabilitiert, dafür werden aber auch noch diejenigen, die sich kulturell über ihn erheben wollen, verachtet. Hier spricht die utopische Sehnsucht eines Menschen, der selbst in einem Kulturbetrieb, nämlich der Kunstakademie, tätig ist, es möge jenseits der klaglos ablaufenden, unterhaltsamen Kultursphären noch etwas geben, das es einem erlaubt, sich einer Priesterkaste der Kulturverächter zugehörig zu fühlen.

Man stelle sich vor, ein Ästhetik-Professor verzichtete auf die Unterscheidung von wahrer Kunst und gewöhnlicher Kultur. Bei irgendeinem Anlaß, sagen wir: beim beliebten Sommerfest des Bundeskanzlers, trifft er einen nützlichen Staatsdiener vom Finanz- oder Landwirtschaftsministerium, der sich, mit deutlich schlechtem Gewissen, als exzessiver Konsument von Unterhaltungsserien zu erkennen gibt.

Professor: »Dir gefallen Fernsehserien und BMWs, mir gefallen Bilder, in denen ich so richtig Lust auf das Böse bekomme, aber im Grunde ist das einerlei, jeder tut halt das, was ihm Spaß macht.«

Staatsdiener: »Dafür haben wir dich studieren geschickt und dein Bücherregal mit einem Meter Adorno ausgestattet, daß du uns jetzt erzählst, wir wüßten es genauso gut wie du? Du würdest in deinem Beruf nicht Entbehrungen, Askese und intellektuelle Disziplin auf dich nehmen, sondern nur deinen Spaß haben? Wozu hast du dann überhaupt studiert und alle diese unverständlichen Artikel geschrieben?«

Professor: »Damit der Spaß mehr Spaß macht.«

# Acht

»Literatur ist für mich lange Zeit das Mittel gewesen, über mich selber, wenn nicht klar, so doch klarer zu werden. Sie hat mir geholfen zu erkennen, daß ich da war, daß ich auf der Welt war.«

So beginnt Peter Handkes berühmte Rede *Ich bin ein Bewohner des Elfenbeinturms* aus dem Jahre 1967. Es war eine Rede über die Bedeutung von Literatur, über ihren Einfluß auf die Menschen, über ihre Möglichkeiten und Grenzen. Handke begann seine Rede deskriptiv. Er erzählte, welche Auswirkung die Leseerfahrung auf sein Leben hatte.

»Das stupide System der Erziehung, das wie auf jeden von den Beauftragten der jeweiligen Obrigkeit auch auf mich angewendet wurde, konnte mir nicht mehr so viel anhaben. So bin ich eigentlich nie von den offiziellen Erziehern *erzogen* worden, sondern habe mich immer von der Literatur verändern lassen. Von ihr bin ich durchschaut worden, von ihr habe ich mich ertappt gefühlt, von ihr sind mir Sachverhalte gezeigt worden, deren ich nicht bewußt war oder in unbedachter Weise bewußt war.«

Wenn ich diese Sätze heute lese, bald dreißig Jahre nachdem sie von Handke ausgesprochen wurden, ist es mir, als müßte ich Handke gegen seine eifrigsten Verteidiger in Schutz nehmen. Der Begriff Elfenbeinturm wurde doch zu einem Synonym für ein weltabgewandtes literarisches Leben, für einen subjektiven Ästhetizismus, für einen künstlerischen Elitismus, der sich nicht um die Wirklichkeit der anderen kümmert, sondern nur um die Empfindsamkeiten der eigenen Seele.

Handke jedoch sagte: »Die Wirklichkeit der Literatur hat mich aufmerksam und kritisch für die wirkliche Wirklichkeit gemacht. Sie hat mich aufgeklärt über mich selber und über das, was um mich vorging.«

Das klingt nicht wie die Forderung nach einer Literatur, die den in sich selbst versponnenen Ausbau einer filigranen, artifiziellen Welt betreibt, sondern es klingt wie die Bestätigung einer traditionellen Ästhetik, in der die Literatur an ihrem segensreichen Einfluß auf Bildung und Erkenntnis der Wahrheit gemessen wird, historisch vielleicht am markantesten formuliert von Friedrich Schiller in seinen Augustenburger Briefen *Über die ästhetische Erziehung des Menschen.* Ausgerechnet Handke, der vielzitierte Bewohner des Elfenbeinturms, mutete der Literatur eine Aufgabe zu, von der heutzutage nicht einmal prononciert politisch denkende Autoren noch öffentlich zu träumen wagen, nämlich die Aufklärung von Sachverhalten, die Veränderung der Menschen, ja die Zerstörung von Dogmen. Er sagte: »Ich erwarte von der Literatur ein Zerbrechen aller endgültig scheinenden Weltbilder. Und weil ich erkannt habe, daß ich selber mich durch die Literatur ändern konnte, daß ich durch die Literatur erst bewußter leben konnte, bin ich auch überzeugt, durch meine Literatur andere ändern zu können.«

Diesen Satz muß man sich auf der Zunge zergehen lassen: Ich bin überzeugt, durch meine Literatur andere ändern zu können. Ich habe meine Zweifel, ob die Dinosaurier der politisch engagierten Literatur der sechziger und siebziger Jahre, Günter Grass, Martin Walser, Rolf Hochhuth, Yaak Karsunke,

Günter Wallraff (warum nicht?), Michael Scharang etc. das noch von ihren Werken behaupten würden.

Aber dann nimmt Handkes Rede eine Wendung ins Normative, die sich mit dem Satz: »Ich erwarte von der Literatur ein Zerbrechen aller endgültig scheinenden Weltbilder« gleichsam nebenher schon angedeutet hatte. Es sind vor allem zwei Regeln, die er für die Literatur aufstellt:

1) Literatur habe ständig innovativ zu sein.
»Eine Möglichkeit besteht für mich jeweils nur einmal. Die Nachahmung dieser Möglichkeit ist dann schon unmöglich. Ein Modell der Darstellung, ein zweites Mal angewendet, ergibt keine Neuigkeit mehr, höchstens eine Variation. Ein Darstellungsmodell, beim ersten Mal auf die Wirklichkeit angewendet, kann realistisch sein, beim zweiten Mal schon ist es eine Manier, ist irreal, auch wenn es sich wieder als realistisch bezeichnen mag.«
Noch schlimmer als eine solche Wiederholung von Darstellungsmodellen scheint für Handke zu sein, das Dargestellte im Kontext schon gegebener Interpretationen darzustellen, Sachverhalte so zu benennen, wie sie auch anderswo, etwa im Journalismus, benannt werden.
»Wenn die Methode so sehr abgebraucht, d.h. *natürlich* geworden ist, daß mit ihr das Trivialste, das allseits Bekannte – nur neu ›formuliert‹ – wieder gesagt werden kann, dann ist sie zur Manier geworden, ja, sie ist sogar dann schon zur Manier geworden, wenn durch sie auch nur *ein* Sachverhalt, der für die Gesellschaft schon eine geklärte (auch ungeklärte) festgesetzte *Bedeutung* hatte, in dieser Bedeutung *wiederholt* wird.«

2) Für die literarische Kunst gilt ein Verbrüderungsverbot mit politischen Ideologien. Literatur darf keinerlei politische Ideologie befördern. Sie darf sich auf Ideologien nur einlassen, um sie ad absurdum zu führen. Gehören doch politische Ideologien zu jenen »endgültig scheinenden Weltbildern«, die Literatur zerbrechen soll.

Mit diesem zweiten Gebot hat Handke vor allem die Linke gemeint und ihre zahllosen Versuche, freie ästhetische Produktivität und gesellschaftliche Programmatik miteinander zu verbinden. Damals, 1967, stand für solche Versuche der von Sartre geprägte Begriff einer *littérature engagée.*

Im zweiten Teil seiner Rede polemisierte Handke gegen die Methode des Realismus. Dem Realismus ginge es nur um eine »einfache, aufzählbare« Wirklichkeit. Diese Methode, so Handke, halte es »mit der Genauigkeit der Daten, die die Dinge beim Namen nennen, aber nicht mit der Genauigkeit der subjektiven Reflexe und Reflexionen auf diese Daten. (...) Es interessiert mich als Autor übrigens gar nicht«, fährt Handke fort, »die Wirklichkeit zu zeigen oder zu bewältigen, sondern es geht mir darum, meine Wirklichkeit zu zeigen.«

Dieses Programm eines radikalen Zur-Schau-Stellens von persönlicher Erfahrung, von individueller Wahrnehmung der Wirklichkeit, diese Forderung eines literarischen Rückzugs aus den allgemeinen Interpretationen der Welt, wurde in den siebziger Jahren zu einer dominanten Strömung in der deutschen Literatur, wenngleich die Genauigkeit der subjektiven Reflexe, auf der Handke insistierte, oft genug durch neue Schematismen der Innerlichkeit abgelöst wurde.

Handke hingegen hielt durch. Das Erstaunliche ist, daß sein Buch *Eine winterliche Reise zu den Flüssen Donau, Save, Morawa und Drina oder Gerechtigkeit für Serbien* immer noch den ästhetischen Normen einer fast dreißig Jahre früher gehaltenen Rede zu folgen scheint. Natürlich hatte sich Handke, was den ersten Punkt, den radikalen Innovationszwang, betrifft, selbst übernommen. Im Laufe der Jahre hat er einen leicht wiedererkennbaren eigenen Stil entwickelt, von Uwe Wittstock als »Handke-Sound« bezeichnet, dessen Grundmuster sich wiederholen, was auch zu Wiederholungen in der dargestellten Wahrnehmung führt. Ein kleines Beispiel nur. Heißt es in *Mein Jahr in der Niemandsbucht*: »Und in der Tat fühlte ich mich nie der Welt so nah...«, so steht in der *Winterlichen Reise*: »Was mich angeht, kann ich jetzt sagen, daß ich mich kaum je so stetig und beständig in die Welt, oder das Weltgeschehen, einbezogen? eingespannt? – eingemeindet gefunden habe...«

Daraus ist kein großes Argument zu machen, denn immerhin könnte Handkes Gesamtwerk unter dem Titel »Auf der Suche nach Nähe zur Welt« stehen. Außerdem probiert die zweite Formulierung neue Worte für diesen offenbar seltenen Glücksfall des In-der-Welt-seins aus. Wer weiß, ob im nächsten Buch die Sache sich nicht noch genauer darstellt, so daß auch Menschen, die unsere Welt nie verlassen haben, dieses Wiedereintauchen in den Orbit nachvollziehen können.

Ein Autor ist kein Supermarkt, der alle möglichen Darstellungs- und Erkenntnisweisen zum Greifen im Regal liegen hat. Prägnanter als die Wiederholungen des Soundclips scheinen mir die tatsächlich nachweisbaren Bemühungen um eine individuelle Sicht der Dinge zu sein, die wie aufs Wasser geworfene Kiesel über die vorherrschenden Wahrnehmungsströme hinwegtanzen. Insofern bietet Handkes Serbien-Buch keine Überraschung, im Gegenteil, es folgt seinem alten Programm des Zerbrechens »aller endgültig scheinenden Weltbilder«. Was Handke in diesem Fall zerbrechen will, ist das Serbienbild, wie es vom überwiegenden Teil der Kriegsberichte deutscher und französischer Medien in den letzten Jahren gezeichnet wurde. Der Text richtet sich »gegen die Rotten der Fernfuchtler, welche ihren Schreiberberuf mit dem eines Richters oder gar mit der Rolle eines Demagogen verwechseln«.

Im ersten, medienkritischen Teil des Buches sowie im Epilog werden Beispiele solchen Fernfuchtelns und Aburteilens aus *Le Monde*, *Spiegel* und *FAZ* zitiert. Am Rande werden auch noch *El Pais*, *Die Zeit*, *Nouvel Observateur* und das *Time*-Magazin einbezogen. Die Beispiele sind lächerlich gegen das, was sich in der Boulevardpresse abgespielt hat, in Österreich etwa in der *Neuen Kronenzeitung* und im *Kurier*, in Deutschland in der *Bild*-Zeitung. Man muß Handke nicht zumuten, alles zu lesen, schon gar nicht den Boulevard, die Beispiele, die er bei seiner Lektüre fand, mögen genügen.

Es ergibt sich jedoch ein hermeneutisches Problem. Wie geht man mit einem Text um, wenn man die Wahrheit nicht kennt? Man kann Wertungen feststellen, Globalisierungen. Solche Wertungen haben sich im Falle von Serbien vor allem im Zuge der Kriegsberichterstattung ergeben. Kann und soll man über das Massaker von Srebrenica neutral berichten? Das verlangt Handke nicht. Er erwartet vom Journalismus jedoch, daß er ihm die Gründe für ein solches Massaker nahebringt.

»*Warum* solch ein Tausendfachschlachten? Was war der *Beweggrund*? *Wozu*? Und warum statt einer Ursachen-Ausforschung (»Psychopathen« genügt nicht) wieder nichts als der nackte, geile, marktbestimmte Fakten- und Scheinfakten-Verkauf?«

Handke stellt diese Fragen im Epilog zum Bericht über seine Serbienreise so ostentativ, daß sie schon wie eine Antwort klingen. Da Handke von seiner Serbienreise nicht den leisesten Hinweis auf eine Antwort mitgebracht hat, kann man sie eigentlich nur als rhetorische Fragen bezeichnen. Wie will Handke wissen, ob nicht andere, Journalisten, die über das Massaker berichteten, aber ebenfalls keine Antwort hatten, sich ihre Fragen nicht deshalb verkniffen, weil sie zu bohrend in ihnen saßen, um sie nur rhetorisch zu stellen?

Im Falle von Emir Kusturicas Film *Underground* kann Handke den Besprechungen in *Le Monde* aus eigener Anschauung auf den Grund gehen, aber bei den von den Medien gelieferten Serbienbildern fühlt er sich im Stich gelassen.

»Was weiß man, wo man vor lauter Vernetzung und Online nur Wissensbesitz hat, ohne jenes tatsächliche Wissen, welches allein durch Lernen, Schauen und Lernen, entstehen kann?«

Schauen und Lernen als Wege zum tatsächlichen Wissen. Handke scheint da etwas vergessen zu haben, was er dreißig Jahre zuvor noch gewußt hat, das Lesen nämlich. Er ist ja nicht der erste, der die Bilder und Berichte vom Jugoslawienkrieg einseitig findet. Es gibt sogar Menschen – Journalisten, nicht Dichter –, die daran gingen, sie zu überprüfen. Gegenüber dem, was sie dabei an belegbaren Einseitigkeiten, Übertreibungen, ja Erfindungen zu Tage förderten, sind Handkes

Lektüreerfahrungen, in allen Ehren, ein Furz. Ihre Berichte wurden nicht nur in amerikanischen Medien ausführlich diskutiert, sie wurden auch in Deutschland und in der Schweiz veröffentlicht, und es würde mich wundern, wenn in *Libération* davon nichts zu lesen gewesen wäre. Schon über ein Jahr vor Handkes Reise nach Serbien gab Klaus Bittermann den Sammelband *Serbien muß sterbien. Wahrheit und Lüge im jugoslawischen Bürgerkrieg* heraus, in dem solche Analysen und Widerlegungen gesammelt sind. Aber Handke tut so, als sei er vor seiner Reise allein auf sein ehrbares Mißtrauen gegen »endgültig scheinende Weltbilder« angewiesen gewesen.

Und so hält er selbst Nachschau. Dabei kommt es zu einem fundamentalen Mißverständnis. Die Bilder, denen Handke mißtraute, wurden in der politischen Berichterstattung, vor allem durch Kriegsberichte, kreiert. Sie interpretierten das Geschehen in einseitiger Weise und setzten dabei das Verhalten der serbischen Machtelite mit dem Verhalten der Bevölkerung gleich: Nicht Milošević und seine Gefolgsleute, oder Karadžić und seine Kumpanen, diese oder jene Miliztruppe, sondern die Serben und die bosnischen Serben. Um solche Bilder zu überprüfen, um festzustellen, wieweit die Kriegsführung der Billigung ihrer Taten durch die serbische Bevölkerung sicher sein konnte, müßte man der politischen Stimmung in der Bevölkerung nachgehen, man müßte politische Fragen stellen. Aber das interessiert Handke nicht, darin seinem Diktum aus der *Elfenbeinturm*-Rede folgend, »daß es in der Literatur nicht darum gehen kann, politisch bedeutungsgeladene Dinge beim Namen zu nennen, sondern vielmehr von ihnen zu abstrahieren«. Indem Handke minutiös Eindrücke von Landschaften und Lebenswelten sammelt, liefert er eine ganz andere Geschichte, die in der Berichterstattung, sieht man von ganz wenigen Reportagen ab, bisher zu kurz gekommen ist – bloß mag sie den politischen Gehalt der Bilder nicht zu widerlegen.

Als er dann doch, ganz ohne eigenes Zutun, mit einem serbischen Oppositionellen zusammentrifft, ist es ihm geradezu peinlich, in die Niederungen der Politik hineingezogen zu werden, zumal ihn doch die unmittelbaren Wahrnehmungen, etwa warum er eine Flasche Frascati serviert bekam und nicht serbischen Wein, wesentlich mehr interessieren. Dieser Serbe, so berichtet Handke, habe herausgeschrien, »wie schuldig die serbischen Mächtigen an dem heutigen Elend ihres Volkes seien, von der Unterdrückung der Albaner im Kosovo bis zu der leichtfertigen Zulassung der Krajina-Republik«. Doch merkwürdigerweise scheint das alles an Handke vorbeizugehen.

Bei der Lektüre der deutschen und französischen Zeitungen hatte sich Handke noch gefragt, ob denn das alles stimme, was hier berichtet werde, jetzt, da er endlich die Chance hätte, ein wenig mehr und vielleicht auch Authentischeres zu erfahren, läßt er sie ungenutzt. Selbst in der Reflexion dieses Abends stellt er sich nicht die Frage, was ihm der oppositionelle Serbe mitteilen wollte, sondern er folgt ganz dem literarischen Programm seiner *Elfenbeinturm*-Rede und spürt den Reaktionen des Wahrgenommenen in der eigenen Seele nach:

»Doch seltsam: obwohl ich vor diesem Menschen endlich nichts Offizielles oder Vorgeplantes mehr an der Situation spürte – statt Statements abzugeben, litt er, zornig und klar –, wollte ich seine Verdammung der Oberherren nicht hören;

nicht hier, in diesen Räumlichkeiten, und auch nicht in der Stadt und dem Land; und nicht jetzt, wo es vielleicht doch um einen Frieden ging, nach einem Krieg, der mit ausgelöst und zuletzt wohl entschieden worden war auch noch durch fremde, ganz andere Mächte.«

Handke weist den politischen Diskurs ständig zurück, will sich nur auf eigene Erfahrung stützen, will den kleinsten Details zu ihrem Recht verhelfen, nur um unter der Hand dann doch wieder einen politischen Diskurs zu führen. Wie ist das möglich bei einem, der nichts hat, als seine sensible individuelle Erfahrung, der allem Gerede, das es sonst noch über die Gegenstände seiner Erfahrung geben mag, mit Mißtrauen begegnet? Welchen Informationen hat er entnommen, daß der Krieg »durch fremde, ganz andere Mächte« ausgelöst wurde? Welche Mächte waren das? Kann er nicht zur Abwechslung im Politischen einmal genauer werden, wenn er schon davon spricht? Wie will er das politische Vorurteil über ein Volk, das angeblich in einem Großmachttraum verfangen ist, widerlegen, wenn ihn die politische Meinung der Menschen nicht interessiert? Er befragt nicht die Menschen, sondern schaut sich gleich das ganze Volk an.

Handke ist etwas gelungen, was mir bisher auf allen meinen Reisen versagt blieb: Er hat das Volk getroffen. In Serbien konnte das logischerweise nur das »Serbenvolk« sein, wie er es nennt. Immerhin unternahm er auch den Versuch eines Spaziergangs über die Drina und kam so »ein paar Schritte, Gedenkschritte, nach Bosnien hinein«. Dort traf er jedoch nur einen Menschen, den Grenzer, der ihm den weiteren Spaziergang verwehrte. Ein Mensch ist zweifellos zur Beurteilung eines Volkes zu wenig. Mangels Volkserfahrung mit bosnischen Muslimen hegt Handke sein obligatorisches Mißtrauen gegen diese von ihm noch nicht inspizierte Realität mit der abenteuerlichen Formulierung: »wenn die serbokroatisch sprechenden, serbischstämmigen Muselmanen Bosniens denn nun ein Volk sein sollten«. Da Handke immerhin neben dem bosnischen Grenzer stand und seine »Gedenkschritte« getan hatte, wäre der Ausdruck »fernfuchteln« in diesem Fall zu euphemistisch. (Sein ständiges Gerede von Muselmanen statt von Muslimen will ich ihm nicht vorhalten. Handkes Umgang mit dem französischen Ausdruck *musulman* mag dabei schwerer wiegen als seine deutschsprachige Lektüre, die freilich gewöhnlich sehr wortkritisch ist.)

Blieb ihm nur das »Serbenvolk«. Dieses beobachtete Handke zum Beispiel auf dem Markt von Belgrad. Und was sah er dort? »...eine Lebendigkeit, etwas Heiteres, Leichtes, wie Beschwingtes an dem anderswo gar zu häufig pompös und gravitätisch gewordenen, auch mißtrauischen, halb verächtlichen Vorgang von Kaufen und Verkaufen (...) etwas wie eine ursprüngliche und, ja, volkstümliche Handelslust«.

Ursprünglich und volkstümlich geht es also zu beim Serbenvolk. Ob Handke den Wunsch hatte dortzubleiben? Davon schreibt er nichts, aber er denkt an eine Rückkehr, wenn er des Großstadtlebens wieder einmal überdrüssig wird. Das nächste Mal will er jedoch allein kommen und das Land im Bus und zu Fuß erkunden. Denn sein bisheriges Wanderland, Slowenien, so gibt uns Handke in einer Rückblende zu verstehen, habe sich den deutschen Touristen angedient mit *Bild*-Zeitung, Nivea und deutschen Aufschriften im Supermarkt. Nicht einmal das »Kreischen, Heulen und Zähneknirschen der Insassen« einer Irrenanstalt – offenbar ein bislang kostbarer Wandereindruck – ist noch zu vernehmen. Wo gewöhnliche Touristen auftauchen, verliert das Land seine Ursprünglichkeit, und der Edeltourist Handke, der Mann mit der privilegierten Sinnlichkeit, nimmt Reißaus.

Serbien soll also Handkes neue »Gehheimat« werden. Dagegen gibt es nichts zu sagen. Man kann diesem Land nur größtmögliche westliche Zuwendung wünschen, auch materielle Zuwendung, um die Isolation, in die dieser Staat gebracht wurde, aufzubrechen und einen freien Austausch von Menschen, Ideen und Gütern zu ermöglichen. Eine neue, Serbien gegenüber bisher nicht gekannte Großherzigkeit sollte vor allem der Opposition zugute kommen, die, wie ich zu wissen meine, von einer uneingeschränkten Artikulationsmöglichkeit noch weit entfernt ist. Das mag fernfuchtelndes politisches Gerede sein, denn einer, der das Serbenvolk getroffen hat, erwischt sich bei ganz anderen Wünschen:

»Und ich erwischte mich dann sogar bei dem Wunsch, die Abgeschnittenheit des Landes – nein, nicht der Krieg – möge andauern; möge andauern die Unzugänglichkeit der westlichen oder sonstwelchen Waren- und Monopolwelt.«

Wer diesen Wunsch zynisch findet, übersieht, daß er nahtlos an Handkes *Elfenbeinturm*-Rede anschließt: »Es interessiert mich als Autor übrigens gar nicht, die Wirklichkeit zu zeigen oder zu bewältigen, sondern es geht mir darum, *meine* Wirklichkeit zu zeigen (wenn auch nicht zu bewältigen).«

Im Rückblick auf seine Reise kommt Handke noch einmal auf das Serbenvolk zu sprechen:

»Geblieben ist mir, gerade in der eben kristallscharf zu spürenden Vereinzelung fast eines jeden dort, überhaupt erst etwas wie das sonstwo wohl zu Recht längst totgesagte ›Volk‹:

faßbar, in dem dieses im eigenen Land so sichtlich in der Diaspora haust, ein jeder in der höchsteigenen Verstreutheit.«

Und so kommt der Poet, der ausgezogen war, weil irgendwelche Fernfuchtler, anstatt genau hinzuschauen, mit Volksbildern jonglierten, mit einem Volksbild nach Hause, das nun in der Tat ein anderes ist als das der Fernfuchtler. Haben wohl beide Seiten nur auf die Reaktionen ihrer je eigenen Seele gehört. Und warum das Massaker von Srebrenica stattfand, haben wir wieder nicht erfahren.

Als ich Handkes Gerede vom »Serbenvolk« las, erinnerte ich mich daran, daß Handke schon einmal das Volk gegen die Politik ins Treffen führte, das war vor der Wahl von Kurt Waldheim zum österreichischen Bundespräsidenten. Handke äußerte sich in der Zeitschrift *Profil* »im Namen eines Volkes, des wirklichen, so oft an den Rand gedrängten, kaum je gefragten, fast schon verstummten österreichischen Volks«. Schon damals ging für Handke »die Kraft eines Volks« von den »Einzelnen, ja Vereinzelten« aus. Handke hoffte, daß »die Österreicher, ein so eigensinniges, zartes, ironisches, höfliches, wie schwermütiges, wildes, haltbedürftiges, amoklaufbereites Volk«, Kurt Waldheim nicht wählen würden. Würde er aber doch gewählt werden, so wäre er »der unwürdige Vorstand eines Unvolks«. Damals ging Handkes Volksbeschwörung schief. Zur Wahl gegangen ist nicht das poetische Volk, sondern das wirkliche. Man kann nur hoffen, daß ihm die Serben nicht eines Tages als »Unvolk« erscheinen.

Durch die Trennung des Ästhetischen vom Politischen mag der Schriftsteller einen produktiven Freiraum gewinnen. Der Spezialist der Innerlichkeit und subjektiven Weltbetrachtung muß es sich freilich gefallen lassen, daß irgendwann jemand daherkommt und die beiden angeblich inkompatiblen Systeme Politik und Literatur mit einem Power-Chip verbindet. Und dann steht das Gespräch über Bäume und Flüsse unversehens neben der Ermordung von Menschen.

Ein Künstler, der sich dem radikalen Individualismus und der Originalität verpflichtet fühlt, wird, wenn er sich dem Politischen zuwendet, schwerlich zu Ergebnissen kommen, die für die politische Öffentlichkeit befriedigend sein können. Und so blieb von dem, was sich wie ein ernsthafter politischer Einspruch gerierte, letztlich nur eine starke Unterhaltungsfacette, die, von den Medien dankbar aufgegriffen, das kulturelle Rollenspiel von Kunst und Provokation wieder einmal in Gang brachte. Der Verdacht, unser Serbienbild könnte auf Vorurteilen und Denunzierungskampagnen wichtiger Medien basieren, wurde durch die Reisebeschreibung weder bestätigt noch widerlegt. Das ist auch nicht zu erwarten von einem Text, der politische Fragen stellt, um sich dann der politischen Argumentation zu entziehen.

Nach den zahlreichen Polemiken um sein Buch *Eine winterliche Reise zu den Flüssen Donau, Save, Morawa und Drina oder Gerechtigkeit für Serbien* weiß Handke, daß seine Poetik ihre politische Unschuld verloren hat. In einem Interview mit der Zeitschrift *Profil* sagte er im März 1996:

»Mein Schreiber-Leben hat einen Sprung bekommen. Einen Sprung wie bei einem Gefäß oder einen Sprung wie *hic Rhodos hic salta*, da bin ich mir selbst noch nicht sicher. Etwas wird dazukommen müssen, etwas, was ich immer abgelehnt habe: Historie. Geschichte. Oder es wird überhaupt nichts mehr sein.«

Es wird etwas sein.

## Neun

Würden die Konsumenten der seichten Unterhaltungskultur den Intellektuellen und Künstlern mit jener Verachtung gegenübertreten, mit der diese ihnen begegnen, wäre es um die volkseigenen Betriebe der hohen Kultur schlecht bestellt. Der Ärger darüber, daß in den vierunddreißig mir derzeit zugänglichen Fernsehkanälen für meinen Geschmack meist nur zweite Wahl zu finden ist, wird aufgewogen durch das Erstaunen, daß Menschen, die nie in ihrem Leben ein Opernhaus betreten haben, bereitwillig dafür zahlen. Es gibt keine Volksrebellion gegen Kunstsubventionen. Es gibt keinen ernsthaften Druck der Boulevardpresse, die hohe Kultur austrocknen zu lassen. Was es immer wieder gibt, sind Kampagnen gegen einzelne Künstler, Theater- und Operndirektoren, Aufführungen, Bauwerke, Kunstprojekte etc. Darin kann ich prinzipiell nichts Schlechtes erkennen, nicht einmal darin, daß es meist gar nicht um Kunst geht, sondern daß sie nur die Folie dafür abgeben muß, um parteipolitische und ideologische Auseinandersetzungen zu führen, für die das genuine Vokabular abhanden gekommen ist. Alles, was öffentlicher Mittel bedarf, wird irgendwann in solche Auseinandersetzungen verstrickt. Kunst verteidigen zu müssen heißt ja letztlich auch, noch nicht der völligen Beliebigkeit ausgeliefert zu sein. Kunstfeindlichkeit, so hat uns dieses Jahrhundert gelehrt, ist etwas ganz anderes. Was die Unterstützung von Kunst und Kultur betrifft, leben wir zur Zeit immer noch in einer Idylle.

Wenn Kunstsubventionen gekürzt werden, dann nicht, weil die Steuerzahler das verlangen, sondern weil die Staatskassen leer sind oder die Politiker andere Prioritäten setzen.

Was es aber insbesondere in den deutschsprachigen Ländern sehr wohl gibt, ist Arroganz der kulturellen Eliten gegenüber den populären Künsten und der Massenkultur. Allein das Wort Kunst mit den Produkten der Unterhaltungsindustrie in Zusammenhang zu bringen, gilt schon als Frevel. Die Konsumenten von Kunst und Kultur sehen das anders. Für sie ist die Trennung zwischen E- und U-Kultur längst ein offenes Tor, durch das ein reger Personenverkehr stattfindet. Nur beim schmalen Künstlerdurchlaß stehen immer noch Türwächter, die jeden, der sich von E nach U bewegt, nachdrücklich warnen, sich dem Kommerz auszuliefern. Künstlerisch käme das, sagen diese Wächter, einem freien Fall gleich, und es sei fast unmöglich, jemals wieder zurückzukehren, i.e. von ihnen begnadigt zu werden. Die Scharfmacher unter ihnen nennen sich Literaturkritiker. Immer noch sind sie unerbittlich in der Verurteilung dessen, was die Menschen gerne lesen. Und doch kann ich mich des Eindrucks nicht erwehren, daß auch sie nur noch öffentlich hysterisch herumschreien, während sie privat ihren Frieden mit unterhaltenden Büchern längst gemacht haben. Die vom alten, brüchig gewordenen Mauerwerk der Hochliteratur herabfallenden Trümmer lassen es auch ihnen längst ratsam erscheinen, sich nach einem neuen Platz umzusehen.

Die Konsumenten nehmen die Empfehlungen der Kritiker als eine kleine Fußnote im persönlichen Entscheidungsraster zur Kenntnis. Denn in Wirklichkeit ist für den durchschnittlichen Kunstkonsumenten die Frage, wer höher einzuschätzen ist, Hans Werner Henze oder Friedrich Cerha, beziehungsweise ob der frühe Grass besser war als der späte, völlig belanglos. Er hat ganz andere Entscheidungen zu treffen. Soll er sich den neuen James Bond im Fernsehen ansehen, oder Čechovs *Kirschgarten* im Theater. Soll er zum philharmonischen Mozart-Konzert gehen, oder zu Sting in die Stadthalle. Soll er mit Freunden nach langer Zeit endlich wieder einmal tanzen gehen oder sich die Lesung von Richard Ford im Amerika-Haus anhören. Für gar nicht so wenige Menschen werden alle sechs Optionen in Betracht kommen, wobei durchaus noch vorstellbar ist, daß an diesem Abend die Originalversion der *Rocky Horror Picture Show* gastiert und aus New York das Tennisfinale zwischen Boris Becker und Thomas Muster übertragen wird, was die Entscheidung noch einmal erheblich erschwert. Wie immer sie ausfallen wird, sie hat nicht viel zu besagen. Sie hängt mehr von Zufällen und Stimmungen ab, als von grundsätzlichen Erwägungen.

Was von den kulturellen Elitisten nur als Verlust empfunden werden kann, nämlich als Verlust von alten Bildungsnormen und des von ihnen verbreiteten intellektuellen Kunstverständnisses, kann durchaus auch als demokratischer Gewinn gesehen werden. Es ist ja nicht so, daß die Konzertsäle und Theater nun leer wären, oder daß keine Bücher mehr gelesen, keine Kunstmuseen mehr besucht würden. Im Gegenteil, es nimmt ein wesentlich höherer Bevölkerungsanteil an diesen traditionellen Kunstereignissen teil als früher. Was sich geändert hat, ist die zur Auswahl stehende Vielfalt der ästhetischen Erlebnismöglichkeiten und deren weitgehende Enthierarchisierung. Es gibt zwar immer noch auf der einen Seite die Kunst für die Gebildeten und die Menschen mit dem angeblich guten Geschmack und auf der anderen Seite die sinnlichen Freuden des gewöhnlichen Volkes. Aber dazwischen hat sich ein enorm großer Übergangsbereich aufgetan, der – und darin liegt der demokratische Gewinn – nicht mehr vom Bildungsprivileg hierarchisiert wird. Die Hierarchisierung muß jeder für sich vornehmen. Fühlt sich jemand zu schwach oder gar übergangen, muß er sich Verbündete suchen, um seinen kulturellen Interessen größeres Gehör zu verschaffen. Es kann nicht mehr anders gehen. Die Alternative wäre die Rückkehr zu einer staatlichen Kulturpolitik, bei der Kunst als Mittel zur Volksbildung zwangsverordnet wird. Das einzige, was eine demokratische Gesellschaft für ihr eigenes Wohl von einer staatlichen Kulturpolitik, ebenso wie von der Medienpolitik, erwarten darf, ist die Aufrechterhaltung der Vielfalt, also eine Art kulturelle und künstlerische Minderheitenförderung.

Diejenigen, die, mit einigem Recht, auf den ästhetisch und intellektuell verheerenden Zustand vieler Produkte der populären Kultur hinweisen, übersehen, daß es gerade der elitäre Abgrenzungsgestus war, der vor allem in den deutschsprachigen Ländern zur beklagten Situation geführt hat. Ein gutes Beispiel ist der deutsche Schlager. Man hat diese, in der Vorkriegszeit durchaus niveauvolle Kunstgattung, in der Publikumslieblinge und anspruchsvolle Künstler einander begegneten, einfach den Geschäftemachern und Banausen überlassen. Bildungsbürgerlicher Elitedünkel und linksintellektueller Konformitätsdruck haben einander die Hand gereicht. Kein ernstzunehmender Dichter – wurden sie nicht einst Sänger genannt? – hat es da noch gewagt, Schlagertexte zu schreiben. Er wäre als Lyriker aus der literarischen Gemeinde verstoßen worden. Mit Glück hätte er dabei endlich Geld verdient. Aber das allein galt ja schon als »unschön«.

In Lyrik-Anthologien französischer, englischer und spanischer Sprache kann man Liedertexte abgedruckt finden, einerlei ob für diesen Zweck geschrieben, oder später vertont, bei Anthologien deutscher Sprache kann man nur froh sein, daß solche Texte – Udo Lindenberg möge mir verzeihen – nicht aufgenommen werden. Die Schriftsteller haben den Schlager schlicht im Stich gelassen, ein Zustand, der leider bis heute anhält. Die deutsche Pop-Musik lebt selbst dort, wo sie die Primitivschablonen hinter sich läßt, von Textern, die keinen Wert darauf legen, als Autoren ernst genommen zu werden, und von Musikern, die von den Feinheiten des literarischen Ausdrucks nichts verstehen. Songwriting ist bislang keine Gattung der deutschen Literatur. Liedertextschreiben auch nicht.

Dabei hat die populäre Musik Formen entwickelt, die für den literarischen Ausdruck besonders geeignet wären. Ein Beispiel ist die Rap-Musik. Es gibt deutsche Rap-Gruppen, die ihre amerikanischen Vorbilder sowohl in der Virtuosität des Vortrags als auch im musikalischen Arrangement der Soundtracks perfekt imitieren, aber eben imitieren. Rap ist, formal betrachtet, ein extrem rhythmisierter Sprechgesang. Im Zentrum dieser Kunstform stehen Texte, literarische Mitteilungen, sprachmelodisch und rhythmisch vorgetragene Anliegen. Doch diese scheinen beim deutschen HipHop nur nebensächlich zu sein gegenüber der Virtuosität des DJs (des Soundmixers) und des MCs (des Vortragenden). Einem New Yorker Musiker spielte ich einmal deutsche HipHop-Titel vor.

Zunächst war er erstaunt, daß es das in Deutschland und Österreich gibt. Beim weiteren Zuhören sagte er: »Das könnte auch bei uns gemacht worden sein.« Schließlich fragte er mich, worum es bei dem gerade gespielten Titel gehe. Da mußte ich leider antworten: »Um gar nichts.«

Rap war ursprünglich schwarze Musik. Es war ein Aufschrei der deklassierten Jugend in den ethnischen Großstadtghettos. Es war jene kulturelle Ausdrucksform, der es nach den legendären Zeiten der Bürgerrechtsbewegung erstmals wieder gelang, den in Überlebenskämpfen und Bandenkriegen zersplitterten schwarzen Jugendlichen eine öffentliche Sprache zu verschaffen. In Washington DC wurde in den späten achtziger Jahren alle sechzehn Stunden ein Mensch ermordet. Sowohl Täter als auch Opfer waren gewöhnlich schwarz. 1990 berichtete das *New England Journal of Medicine*, daß ein schwarzer Mann in Harlem eine geringere Chance hat, sein fünfundsechzigstes Lebensjahr zu erreichen, als ein Mann in Bangladesch. Das *dissing* der Rap-Musik, ihr Heruntermachen von allen möglichen Haß-Objekten, zu denen durchaus auch andere Rap-Gruppen gehören konnten, hatte diesen sozialen Hintergrund als Voraussetzung. Ohne die wetteifernde Entwicklung der Rap-Bewegung in den achtziger Jahren, die, von New York ausgehend, bald auf alle Großstädte übergriff, wäre weder die heftige Reaktion der schwarzen Jugendlichen auf das Rodney-King-Urteil denkbar gewesen, noch der von Louis Farrakhan initiierte Marsch der Millionen nach Washington. Zum Aufstand in Southeast Los Angeles hatte die Gruppe *Public Enemy* mit ihrem Titel *Burn Hollywood Burn* schon zwei Jahre vorweg die Begleitmusik geliefert. So unterschiedlich die Anliegen der Rap-Gruppen auch waren, spätestens mit

*Public Enemy* hatten sie zu einem gemeinsamen Generalthema gefunden: die Konfrontation zwischen schwarzer urbaner Ausdruckskraft und weißer Law-and-Order-Politik.

Rap war mittlerweile ein riesiges Geschäft geworden. Der erste, der sich dabei für immer sanierte, war ein Mann namens Anthony Smith, der in Kalifornien Häuser renovierte, bevor er unter dem Künstlernamen Tone-Loc mit *Wild Thing* einen sogenannten Mega-Hit landete. Entdeckt und gemanagt wurde Anthony Smith von zwei weißen Geschäftsmännern. Für den Text wurde Young MC, ein Rapper aus Los Angeles, angeheuert. Dann wurde auf Teufel komm raus gesampelt (im Klartext: gestohlen, das Gitarrenriff zum Beispiel von Van Halen) und im Computer gemixt. *Wild Thing* war, wie das im Pop-Geschäft immer häufiger der Fall ist, ein Hit aus der Retorte – und ist trotzdem ein großartiges Lied.

Was viele traditionelle Originalitätsfanatiker an zeitgenössischer populärer Musik abstößt, ist ihre künstliche Herstellungsweise und die Tatsache, daß sie nicht einem einzigen Kopf oder Herzen, sondern dem strategischen Einsatz vieler Spezialisten entspringt. Wenn sie ihren Voraussetzungen konsequent folgten, müßten sie auch Film ablehnen, ja Theater. Und waren nicht auch die antiken Tempel und mittelalterlichen Kirchen das Werk einer Vielzahl von – oft anonymen – Künstlern, die strategisch zusammenarbeiteten?

Was den künstlerischen Vorbehalt gegen die Produkte der Pop-Musik vor allem nährt, ist deren enormer industrieller Erfolg. Aber gerade diesem Erfolg ist es zu verdanken, daß die neuen ästhetischen Formen ein Allgemeingut werden, das jedermann zur eigenen produktiven Anwendung zur Verfügung steht. David Toop berichtet in seinem Buch *Rap Attack*:

»Zu Beginn der 90er gab es in Amerika samoanische, kubanische, mexikanische, koreanische, haitianische, dominikanische, jamaikanische, vietnamesische, puertoricanische, ecuadorianische, chinesische, indische und britische Rapper.« Legendär wurde der Aufstieg der *Beastie Boys*, weißer Jugendlicher aus durchweg gutbürgerlichem Hause. David Toop nennt sie »kleine Bohemiens, die getürkte Gangster-Musik machten«. Sie hatten mit dem Entstehungsmilieu dieser kulturellen Ausdrucksform nicht mehr das Geringste zu tun. Spätestens seit die *Beastie Boys* zu Pop-Stars aufstiegen, ist Rap ein allgemeines Kulturgut.

Und so konnte es nicht ausbleiben, daß auch im deutschsprachigen Raum Rap-Gruppen wie Pilze aus dem Boden schossen. Sie hatten nur einen Nachteil, sie waren selten mehr als Imitation. Nicht, daß viele ihr Handwerk nicht beherrschten, aber sie hatten keine eigene Idee, sie imitierten nämlich großteils auch die Texte. Imitationen können gut sein, ja besser als das Original, doch was nützt die beste Imitation, wenn der Kontext fehlt, in dem sie wirksam werden kann. Die verkehrt aufgesetzte Baseballkappe macht aus einem Hamburger Mittelstandskind noch keinen New Yorker Ghettojungen. Die Gruppe *Advanced Chemistry* versuchte aus der Not eine Tugend zu machen und begnügte sich mit dem Spiel der Formen. Sie unterlegte die Musik oft mit nach lautlichen und rhythmischen Prinzipien geschaffenen Nonsens-Texten. Das war zumindest ehrlich.

Mit Ausnahme von Ernst Jandl kenne ich keinen anerkannten Lyriker, der Rap als genuin literarische Form erkannt und sich von ihr zu eigenen Arbeiten hätte anregen lassen. Immer noch scheint das Verdikt zu gelten, daß ein seriöser Künstler sich nicht populärer und kommerzieller ästhetischer Formen annehmen soll. Die intellektuelle Ausformulierung des asketischen Kunstideals, etwa bei Adorno, mag gute historische Gründe haben. Massenästhetik und Massenmord sind nun einmal in unserer Geschichte Hand in Hand gegangen. Aber mittlerweile haben wir es in den deutschsprachigen Ländern mit einigermaßen stabilen demokratischen Gesellschaften zu tun, für deren friedliche Weiterentwicklung eine Mitgestaltung der populären ästhetischen Formen zweifellos günstiger wäre als deren Verachtung. War es früher der bürgerliche Bildungsdünkel, der die Geschmackselite auf die Vergnügungen des Volkes degoutiert herabschauen ließ, so ist es heute ein sich aufgeklärt gebender Intellektualismus, eine neue Form von kulturellem Reinheitswahn, der den Künstlern immer noch den Abstieg ins Reich des »gesellschaftlichen Verblendungszusammenhangs«, vulgo Unterhaltungsindustrie, verwehren will. Auf dem Spiel steht für den seriösen Künstler nicht weniger als seine Reputation. Aber die Lieder der *Dreigroschenoper* von Brecht und Weill gelten heute als Klassiker, obwohl ihre Schöpfer genau das taten, was heute nicht möglich sein soll: Sie versuchten die populäre Form des deutschen Schlagers künstlerisch weiterzugestalten.

## Zehn

Internationalen Gesetzen und Abkommen zufolge gelten Flüchtlinge als schutzbedürftige Menschen. Sie sind gleichsam das Gegenteil von Kriminellen, denen gegenüber die Gesellschaft schutzbedürftig ist. Doch die exekutive Gewalt hat sich in der Behandlung von Flüchtlingen europaweit eine Vollzugsgrundlage geschaffen, die dem Geist der legislativen Vereinbarungen diametral entgegensteht.

In aller Früh, als die lutherischen »Schwestern vom Heiligen Geist« ihr Morgengebet verrichteten, gab es plötzlich einen ohrenbetäubenden Krach. Im Konvent wurden Türen und Fenster eingeschlagen. Von der Polizei. Sie war gekommen, um vierzig Menschen zu verhaften. Auf eine Weise, wie sie gegenüber gefährlichen Kriminellen angebracht sein mag – doch die Verhafteten waren Flüchtlinge. Das geschah am 24. November 1993, nicht in irgendeiner obskuren Diktatur, sondern im einst beispielhaften Sozial- und Rechtsstaat Schweden, in Alsike bei Uppsala. Die Flüchtlinge kamen aus Syrien, dem Libanon, aus dem früheren Jugoslawien und aus Bangladesch. Ihr Asylantrag war, wie dies europaweit bei etwa 95 Prozent der Anträge geschieht, abgelehnt worden. Die »Schwestern vom Heiligen Geist« hatten ihren Konvent zur Schutzzone für Asylwerber erklärt, die Angst hatten, verhaftet zu werden.

Innerhalb von drei Tagen wurden neun Bangladescher, drei Palästinenser und ein Deserteur aus dem Kosovo in ihre Herkunftsstaaten abgeschoben. Zeugenberichten zufolge wurden die neun Bangladescher unmittelbar nach ihrer Ankunft in Dakka verhaftet und zu »Terroristen« erklärt, was, wie man weiß, in autoritär regierten Staaten nur ein anderes Wort für Oppositionelle ist.

Nach heftiger Kritik von verschiedenen Menschenrechtsorganisationen bekannte die schwedische Regierung, das Vorgehen der Polizei sei unangemessen gewesen. Für die in die Hände ihrer Verfolger ausgelieferten Menschen konnte das freilich kein Trost mehr sein. Für Aufsehen hatte nicht der eigentliche Vorgang gesorgt, daß Menschen, die sich nichts haben zuschulden kommen lassen, von der Polizei aufgegriffen und wie Frachtgüter verschickt werden, sondern die eingeschlagenen Fensterscheiben und die eingetretenen Türen. Als im März 1996 um zwei Uhr nachts die Polizei in die Pfarre Wien-Hietzing kam, um sechs ordnungsgemäß gemeldete Asylwerber zu verhaften, entzündete sich die Kritik auch nicht an der Verhaftung, sondern an deren Begleitumständen. Man fragte sich, ob die Polizei nicht bis nach dem Frühstück hätte warten können. Schließlich hätten auch Asylanten, so Caritas-Direktor Michael Landau, ein »Recht auf menschenwürdige Behandlung«.

In den frühen neunziger Jahren fand in ganz Europa ein Abbau der Menschenrechte statt. Er begann mit der Novellierung der Asylgesetze. Österreich genießt den zweifelhaften Ruhm, bei dieser Entwicklung zur Avantgarde gehört zu haben. Obwohl die Ressentiments der diversen europäischen Bevölkerungsgruppen dabei eine große Rolle spielen, ist es keine demokratische Entwicklung. In einigen Aspekten steht sie sogar in Widerspruch zu den Beschlüssen des europäischen Parlaments.

Der schleichende aber effektive Abbau einst unantastbarer humanitärer Standards beruht schlicht darauf, daß die Innenminister im Auftrage ihrer Regierungen jahrelang von einem Kongreß zum anderen gereist sind, um hinter verschlossenen Türen eine heikle Frage zu klären: Wie wird man die Flüchtlinge los, ohne offiziell die Ratifizierung der Europäischen Menschenrechts- und Genfer Flüchtlingskonvention zurücknehmen zu müssen. Immerhin wurden beide Abkommen in der Zeit des Kalten Krieges als westliche Fixsterne gehandelt, deren helles Licht die Staaten des Warschauer Pakts jahrzehntelang beschämen sollte.

Der Spagat der Innenminister ist gelungen. Die Zauberformel der europäischen Exekutive lautet: Man wird Flüchtlinge los, indem man sie kriminalisiert. Um aber dieses erstaunlich schlichte Resultat eines gigantischen Verbrauchs an Konferenzdiäten in formalen Einklang mit den genannten Konventionen zu bringen, bedurfte es der Festlegung einer präzisen Vorgangsweise. Kriminalisiert werden nicht Flüchtlinge als solche, sondern die Verhaltensweisen, die aus ihrer mißlichen Lage resultieren.

Will man einen Flüchtling loswerden, darf man ihn also nicht als Flüchtling sehen, sondern als Ausländer, der sich illegal im Land aufhält. Dies kann geschehen, indem man den Flüchtlingen in einem Asylverfahren formal den Flüchtlingsstatus abspricht und ihnen damit die Schutzwürdigkeit aberkennt. Dies kann aber auch geschehen, indem man Gesetze schafft, die es überflüssig machen, die Schutzbedürftigkeit auch nur ansatzweise zu prüfen, weil dies zur Aufgabe anderer Staaten erklärt wird. Nun hatten aber Staaten wie Österreich noch keine gesetzliche Grundlage, die es erlaubte, Menschen, die keine kriminellen Delikte begangen hatten, einfach zu deportieren. Daher mußten eigene Ausländergesetze geschaffen werden. Und so sind in den europäischen Staaten innerhalb von vier, fünf Jahren aus schutzbedürftigen Flüchtlingen kriminelle Ausländer geworden. In Österreich und Spanien etwa wird zur effektiven Durchführung der neuen Gesetze gleich die Armee herangezogen – was signalisiert, daß man in den Flüchtlingen nicht nur Kriminelle, sondern offensichtlich das Land bedrohende Feinde sieht.

Ende 1994 wurde auf dem Basso Tribunal in Berlin eine europäische »Erfolgsbilanz« vorgelegt. Über Österreich war dabei folgendes zu erfahren: An der ungarischen Grenze waren seit September 1990 an die hunderttausend österreichische Soldaten zur Unterstützung von Zollwache und Grenzgendarmerie eingesetzt. Sie haben etwa dreißigtausend Menschen aufgegriffen und den Behörden zur Abschiebung übergeben. Das waren selbstverständlich keine Flüchtlinge, sondern Ausländer, die sich des kriminellen Deliktes »illegaler Grenzübertritt« schuldig gemacht hatten. Alles schön menschenrechtskonform. Kein Land der Welt ist verpflichtet, Kriminelle einen Asylantrag stellen zu lassen.

Heutzutage haben alle EU-Staaten spezielle Gesetze und Verordnungen, die Nicht-EU-Bürger zu Bürgern zweiter Klasse und die Mehrheit der Flüchtlinge von vorneherein zu illegalen Ausländern machen. Die Menschen aus 129 Staaten der Welt, darunter einige, in denen die Menschenrechte notorisch mit Füßen getreten werden, benötigen für die Einreise in das EU-Territorium Sichtvermerke. Aber Flüchtlinge bekommen keine. Solange sie sich in ihrem Herkunftsland befinden, sind sie nämlich gemäß Genfer Konvention noch keine Flüchtlinge. Den meisten bleibt gar nichts anderes übrig, als sich mit Hilfe von sogenannten »Schleppern« auf die illegale Reise zu begeben. Und dann werden sie bei uns als Kriminelle empfangen und umgehend zurückgeschickt. Regierungen, die es vor einigen Jahren noch als humanitäre Aufgabe sahen, mit Menschen aus dem Osten Handel zu treiben, bekämpfen nun das sogenannte »Schlepperunwesen«, ohne dazu irgendeine Alternative anzubieten.

Nur eine kurze Zeit lang gab es einen freien Transfer von Menschen und Ideen zwischen den ehemals kommunistischen Staaten und dem Westen. Seit 1989, ironischerweise also seit dem 200. Jahrestag der Französischen Revolution, werden neue Formen der Grenzbefestigung errichtet, diesmal allerdings von westlicher Seite. Da keine Wachtürme und Minenfelder angelegt wurden, sieht die neue Ost-West-Grenze auf den ersten Blick wesentlich humaner aus als der alte Eiserne Vorhang. Tatsache ist jedoch, daß die neuen Ausländer-Gesetze, der massive Einsatz von Einheiten der Exekutive und der Armee, sowie die europaweite Vernetzung von Polizeidaten eine fast ebenso effektive Ost-West-Barriere darstellen wie die alten barbarischen Grenzbefestigungen.

Warum dieser gigantische Trennungsaufwand inmitten der »freien Welt«? Der Ausbau der neuen »Festung Europa« ist vor allem ökonomisch begründet, auch wenn er mit sicherheitspolitischen, kulturellen und oft genug rassistischen Argumenten legitimiert wird. Die Essenz ist ganz einfach: Die westeuropäischen Staaten wollen ihren Reichtum nicht mit den armen Menschen aus dem Osten teilen. Geredet wird aber, als ob es eine kulturelle Frage wäre, wo Europa aufhört und eine andere, uneuropäische, fremde Welt beginnt. Die rassistischen Gewalttäter, die es in ganz Europa gibt, können nicht ihre Taten, aber ihre Denkweise mit dem Geist von Gesetzen legitimieren, die in gewisser Weise mit derselben Logik operieren, nämlich Menschen, die per definitionem nicht zu uns gehören, zum Verschwinden zu bringen. Wenn die Innenminister jetzt mit Stolz darauf verweisen, daß die rassistischen Gewalttaten zurückgegangen sind, verschweigen sie, daß sie den Tätern einen Teil ihrer Arbeit abgenommen haben.

Der erste wirksame Schritt zur neuen Spaltung Europas war der Abbau des Asylrechts durch eine hinterhältige Novellierung der Asylgesetze. Als der Eiserne Vorhang noch intakt war, wurde in Wien und anderswo viel von Mitteleuropa gefaselt. Heute, da Mitteleuropa mehr sein könnte als eine schon wieder vergessene antikommunistische Strategie, sitzen die Mitteleuropäer bei uns im Gefängnis, wie zum Hohn dafür, daß sie die kommunistischen Regierungen gestürzt haben. Aber noch ist Mitteleuropa nicht verloren. Wenn ich die neuere Entwicklung richtig deute, soll aus den östlichen Anrainerstaaten der EU eine assoziierte Pufferzone gemacht werden, eine Art Vorhof zur Welt der Reichen, in dem die für uns unangenehme fremdenpolizeiliche Drecksarbeit erledigt wird.

Die europäischen Innenminister haben sich in Dublin darauf geeinigt, alle osteuropäischen Anrainerstaaten als »sichere Drittländer« zu betrachten. Flüchtlinge, die durch diese Länder reisen, dürfen, auch wenn sie auf legalem Weg im Westen ankommen, keinen Asylantrag stellen. Ohne ihre Fluchtgründe zu prüfen, werden sie einfach zurückgeschickt. Und was machen die »sicheren Drittländer«? Sie schicken die Flüchtlinge ihrerseits zurück, oft genug in ihre Herkunftsländer.

Österreich und Deutschland zum Beispiel schieben Asylbewerber, die über die Tschechische Republik eingereist sind, dorthin zurück. Die tschechischen Gesetze sehen aber vor, daß ein Asylantrag sofort nach dem Grenzübertritt gestellt werden muß. Die Zurückgeschickten haben folglich kein Recht, sich um Asyl zu bewerben. Wenn sie Glück haben, können sie aus den nur mäßig bewachten Internierungslagern fliehen und erneut versuchen, ob sich in Deutschland, Österreich oder anderswo nicht doch mit viel Glück eine Behörde findet, die wenigstens einmal ihr Schicksal anhört, bevor sie ein neues Abschiebungsformular stempelt.

Griechenland scheint unter den EU-Staaten am rigorosesten vorzugehen. Der sonnige Staat, in dem wir Menschen erster Klasse gern den Urlaub verbringen, ohne je von einer Behörde belästigt zu werden, wurde vom Berliner Basso Tribunal beschuldigt, in den letzten Jahren 70.000 politische Flüchtlinge ohne Prüfung ihrer Fälle in die Verfolgerstaaten abgeschoben zu haben. Aber damit haben Deutschland und Österreich selbstverständlich nichts zu tun. Sie erwarten wohl ernsthaft, Griechenland würde zum Beispiel Kurden türkischer Staatsbürgerschaft Asyl gewähren.

Die Nachbarländer von Österreich und Deutschland haben auf die neue Situation reagiert und ihrerseits Abkommen mit ihren östlichen Nachbarländern geschlossen, die es ihnen erlauben, die Flüchlinge wieder loszuwerden. Das hat zur Folge, daß heutzutage politische Flüchtlinge aus dem Osten praktisch keine Chance mehr haben, mit dem Zug oder mit dem Auto den Westen zu erreichen. Sie müssen mit dem Flugzeug direkt aus dem Verfolgerstaat kommen. Aber Flüchtlinge, die zum Beispiel versuchen, einen Direktflug nach Deutschland zu nehmen, haben es häufig, schon bevor sie ins Flugzeug einsteigen, mit Beamten des Bundesgrenzschutzes zu tun, die dort als Berater der Fluglinien tätig sind. Es gibt sie in Moskau, Manila, Singapur, Kuala Lumpur, Neu Delhi, Istanbul, Riga und Lagos.

Am Anfang unseres Jahrhunderts konnten die Einwohner von Lviv in der Ukraine, einer Stadt, die damals noch Lemberg hieß, problemlos nach Wien oder Zürich reisen. In der Zeit der Sowjetunion, als die Stadt auf russisch Lwow genannt wurde, konnten sie immerhin Prag, Budapest und Warschau besuchen. Heutzutage darf ein gewöhnlicher Einwohner von Lviv nicht einmal die polnische Grenze überqueren.

Damit die neuen Grenzen und Pufferzonen auch wirklich effektiv funktionieren, gibt es eine westliche Nachbarschaftshilfe. Die polnische Ostgrenze wird mit deutschem Geld befestigt. Spanien ist der marokkanischen Küstenwache behilflich. Vorsichtshalber hat man um die Exklave Ceuta an der nordafrikanischen Küste einen Stacheldraht hochgezogen. Schweden wiederum stattet die baltischen Staaten mit Küstenbooten und anderen technischen Kontrollmitteln aus. Aber die estnische Gesetzgebung kennt keinen Unterschied zwischen illegalen Immigranten und gestrandeten politischen Flüchtlingen. Die Frauen und Kinder werden in ein Lager gesperrt, das mit Stacheldraht umzäunt ist. Die Männer werden von den Familien getrennt und in ein reguläres Gefängnis bei Tallin gesteckt. Dort müssen sie lange bleiben, weil die hoffnungslos überforderten Behörden keine Möglichkeit sehen, sie abzuschieben.

Aber natürlich finden sich trotz aller Kontrollen immer wieder neue Wege in den Westen. Flüchtlinge, die sie beschreiten, hören damit auf zu existieren. Die meisten Staaten verweigern den de facto Immigranten jede Möglichkeit, zu einem legalen Status zu gelangen. Sie haben keine Chance auf legale Arbeit, sie haben keine Sozialversicherung. Da sie jeden Kontakt zu Behörden meiden müssen, gibt es bei uns mittlerweile wieder Kinder, denen jede Schulbildung vorenthalten wird. Die meisten europäischen Staaten, darunter Österreich, kennen keine Legalisierungsstrategien für Illegale. In ihrer xenophoben Hartnäckigkeit zerstört die Gesellschaft ihre eigenen Prinzipien. Sie schafft die Probleme, die sie vorgibt zu bekämpfen.

Am 28. Oktober 1993 hat das Europäische Parlament eine bemerkenswerte Resolution über Deserteure aus den Armeen des ehemaligen Jugoslawien verabschiedet. Alle EU-Staaten wurden aufgefordert, diesen Deserteuren Schutz zu gewähren. Es hielt sich bloß keiner daran. Während die europäischen Staaten keine Gelegenheit verstreichen ließen, den Jugoslawienkrieg zu verurteilen, sandten sie Tausende von Menschen, die sich weigerten, bei diesem Krieg mitzumachen, gerade dorthin zurück. Diese Verweigerer wurden daheim nicht nur gerichtlich belangt, sie waren auch der Bestrafung durch diverse paramilitärische Organisationen ausgeliefert, die »Verräter« und »Feiglinge« verfolgten und ihnen zum Beispiel die Häuser niederbrannten.

Die Resolution des Europäischen Parlaments blieb zunächst folgenlos. Die exekutiven Kräfte Europas, an ihrer Spitze die Innenminister, hatten sich mittlerweile bei ihren Treffen in Schengen und Dublin ein eigenes Machtsystem aufgebaut, das sich, abgekoppelt vom europäischen Parlament, seine Gesetze durch multilaterale Abkommen selbst gibt. Die europäischen Staaten schickten trotz der Resolution des Europäischen Parlaments weiterhin Deserteure in die jugoslawischen Kriegsgebiete zurück.

Daraufhin organisierte das Europäische Bürgerforum eine Unterschriftenaktion, deren für Demokratien wohl seltsames Anliegen es war, einen parlamentarischen Mehrheitsbeschluß zu unterstützen. Auf der Liste der ersten fünfzig Unterzeichner fanden sich auffällig viele Namen bekannter Schriftsteller, darunter Breyten Breytenbach aus Südafrika, Ismail Kadaré aus Albanien, Günter Grass aus Deutschland und Astrid Lindgren aus Schweden.

Mir will scheinen, die europäischen Schriftsteller wenden sich, nach einem Schrecken, der vor allem die deutschen Kollegen befallen hatte, wieder stärker der Politik zu. Doch die Art des Engagements hat sich geändert. Konnte man vor einigen Jahren noch von allen möglichen und unmöglichen Utopien träumen, von einer gerechten Gesellschaft, von Abrüstung und Frieden, so geht es jetzt darum, die grundlegenden Prinzipien der bürgerlichen Gesellschaft zu verteidigen, allen voran das Egalitätsprinzip und die Universalität der Menschenrechte. Wieweit dies aber mit militärischen Mitteln geschehen soll, wie dies etwa Peter Schneider in seinem Aufruf für einen NATO-Einsatz in Jugoslawien gefordert hatte, ist eine andere Frage, an der sich die literarischen Geister mit gutem Grund entzweien.

Feldprediger liegen mir nicht. Der Krieg braucht keinen künstlerischen oder intellektuellen Segen. Es ist schlimm genug, wenn man dazu keine Alternative sieht. Noch weniger liegen mir freilich jene, die meinen, man möge die Frage des Krieges gefälligst den Politikern und Militärs überlassen.

# Elf

Bei einem Vortrag an einer der vielen Tokyoter Universitäten fiel mir ein Mann auf, der die Gelegenheit nutzte, sich einmal gründlich auszuschlafen. Während des anschließenden Gesprächs erwachte er. »Warum«, so fragte er unvermittelt und gab sich dabei als Deutscher zu erkennen, »warum soll die politische Meinung von Schriftstellern interessanter sein, als die von Metzgern?« Danach gähnte er kräftig und war vielleicht froh darüber, nicht auch noch die politische Meinung von Metzgern hören zu müssen.

In den USA würde man auf eine solche Frage spontan antworten: »That's a good question.« Mich brachte sie aus dem Konzept und hat mich danach noch eine Zeitlang begleitet. Damals in Japan ließ sich das überspielen, zumal der Mann, der die Frage gestellt hatte, wieder seiner Lieblingsbeschäftigung nachging.

Es ist durchaus in Ordnung, daß in funktionierenden demokratischen Gesellschaften die Rolle der Intellektuellen eher bescheiden ist. Das heißt aber nicht, daß es in bestimmten Bereichen, zum Beispiel in der Frage der Universalität der Menschenrechte, nicht spezifische Aufgaben gäbe, die nur von den Intellektuellen wahrgenommen werden können. Kein Mensch ist verpflichtet, sich diesen Aufgaben zu stellen oder sie auch nur als Aufgaben von Künstlern und Intellektuellen anzuerkennen, man kann es ihm aber auch nicht vorhalten, wenn er es doch tut. Und kein Fleischhauer, um es endlich auf österreichisch sagen zu können, soll abgehalten sein, sich an diesem Gespräch zu beteiligen, wenn es nur überhaupt stattfindet.

Meine Erfahrung hat mich gelehrt, daß Menschen, die sich schon beim ersten Satz als Rassisten entlarven, oft nur Klage darüber führen, daß sich niemand ihrer Probleme annimmt. »Die Ausländer sollen dorthin gehen, wo sie hergekommen sind«, schrie eine Frau bei einer Veranstaltung der antirassistischen Plattform SOS-Mitmensch. Später, im persönlichen Gespräch, stellte sich heraus, daß sie in einem heruntergekommenen Wiener Mietshaus als einzige Österreicherin übriggeblieben ist. Ihr bescheidenes Einkommen und der günstige Mietvertrag, sie zahlte noch den sogenannten Friedenszins, fesselten sie an die ihr fremd gewordene Umgebung, die sie nur noch als Belästigung wahrnehmen konnte. Einmal war sie in hilflosen Aktionismus verfallen und hatte in ihrem Stockwerk die reihenweise vor den Wohnungstüren aufgestellten Schuhe in den Hof hinuntergeworfen.

Bei diesem Gespräch wurde mir wieder einmal vor Augen geführt, daß ich meine Prinzipien aus einer privilegierten Position heraus verteidige, weil deren konsequente gesellschaftliche Anwendung auf mich persönlich keine (sonderlichen) negativen Auswirkungen hätte. Kein Mensch kann mir den Arbeitsplatz wegnehmen, schon gar nicht solche, die nicht einmal deutsch sprechen. Und die Ausländer, die sich in dem Haus, in dem ich wohne, einmieten könnten, würde ich vermutlich als Bereicherung sehen und zumindest im Winter, dankbar für das Fait accompli, auch meine Schuhe vor der Wohnungstür abstellen, was zur Zeit nicht erlaubt ist.

Die Frage ist also nicht, welche politische Meinung interessanter ist, die von Schriftstellern oder die von Fleischhauern, sondern wie diese Meinungen überhaupt noch öffentlich aufeinandertreffen können. Viele lesen die Zeitung, die sie bei Fragen, die ihnen wesentlich sind, in ihrer Meinung bestätigt. Die Massenmedien sind in ihrer Rücksichtnahme auf das Meinungsspektrum ihrer Konsumenten gar nicht willens, einen öffentlichen Dialog zu führen. Immer häufiger ist es Basisbewegungen zu verdanken, also dem öffentlichen Engagement von Menschen jenseits traditioneller Strukturen, daß vorgefaßte Meinungsbilder sich zu verschieben beginnen. Der Aufstieg der Grünen aus der ökologischen Bewegung heraus ist dafür ein beredtes Beispiel. Aber auch in der sogenannten Ausländerfrage, die ja in Wirklichkeit eine Rassismusfrage war, haben die »Lichterketten« in Deutschland und das »Lichtermeer« in Wien eine nachweisbare öffentliche Meinungsänderung bewirken können. Aus der Tatsache, daß sich dort nur die Gleichgesinnten getroffen haben, ist kein Argument gegen diese Protestform zu machen. Bei Demonstrationen treffen sich immer die Gleichgesinnten und bestätigen einander. Wichtig war doch die erstaunlich hohe Zahl derer, die mitmachten, und der Eindruck, den sie dadurch in der Öffentlichkeit hinterließen.

Nach dem Niedergang der traditionellen Parteien, die, jede für ihren Bereich, einen Ausgleich zwischen politischer Akademie und Bürgerschaft herzustellen hatten, wird nun hauptsächlich nach einer Art Zensus-Prinzip regiert. Die Politiker setzen um, was eine Mehrheit der Bevölkerung – laut Massenmedien und Meinungsumfragen – zu verlangen scheint, ohne daß es noch zu einer Diskussion kommt. Unter diesen Umständen trägt leicht die Boulevard-Presse den Sieg davon. Die Fleischhauer – wenn wir dieses Wort nun endgültig metaphorisch nehmen wollen, schließlich gibt es zum Beispiel in Krems einen Fleischhauer, der ambitionierter Kunstsammler ist – können sich also freuen. Sie sind, wenn nicht massive Basisbewegungen dazwischenfunken, ohnedies die Sieger. Ihr Urteil nimmt zunehmend ungefiltert Einfluß auf die Politik.

Und so befinden wir uns in der bemerkenswerten Situation, daß es zwischen der Slowakischen Republik und Österreich bei 127 Kilometern gemeinsamer Staatsgrenze nur noch einen einzigen Übergang gibt. Und das liegt nicht daran, daß in der Anfangseuphorie, als der Eiserne Vorhang niedergerissen wurde, keine Grenzübergänge geschaffen worden wären. Sie wurden aber wieder geschlossen. In Angern etwa, einem Ort von achthundert Einwohnern, der vom slowakischen Nachbarort Záhorská Ves nur durch die March getrennt ist, wurde die Brücke wieder aufgebaut, über die früher sogar eine Straßenbahn gefahren war. Doch dann wurden in Angern ein paar Fahrräder gestohlen. Es kam zu einem Stimmungsumschwung und schließlich zu einer Volksabstimmung. Fast zwei Drittel der Bürger von Angern stimmten gegen den neuen Grenzübergang.

Dasselbe wiederholte sich mit dem anderen Nachbarn, mit der Tschechischen Republik. Man hatte vereinbart, daß zwischen Phyrabruck und Nové Hrady der alte Grenzübergang, der nach 1945 geschlossen worden war, wieder eröffnet werden sollte. Die Tschechen bauten die Straße aus, begannen das Zollhaus zu errichten, doch dann wurden von den Gastwirten auf österreichischer Seite Unterschriften gesammelt. Die Wirte fürchteten, zu Recht, einen Geschäftsrückgang, da die tschechischen Gaststätten billiger sind, hatten aber auch ein anderes Argument parat: Das sichere Waldviertel würde sich durch die Grenzöffnung zu einem Zentrum für kriminelle Umtriebe entwickeln. Der Landeshauptmann kam, sah und entschied. Also gibt es keinen Grenzübergang. Eine breite Diskussion darüber hat nie stattgefunden. Da der Landeshauptmann jedoch ein Mann von Kultur ist, sind tschechische Blasmusikkapellen bei diversen Veranstaltungen selbstverständlich gern gesehene Gäste.

Niemand kann sich darüber beschweren, daß die Vorgänge nicht demokratisch gewesen wären. Die Bürger haben gesprochen, und die Poltik hat reagiert. Und doch bleibt ein Unbehagen zurück. Sollten Überlegungen, die sich an einer längerfristigen Perspektive als dem momentanen Geschäftserfolg von Wirtshäusern orientieren, bei solchen demokratischen Prozessen nicht auch eine Rolle spielen? Wer soll sie anstellen? Wie sind sie in das öffentliche Gespräch zu integrieren? Früher wurde ein solches Verhalten, zweifellos zu selbstherrlich, Aufklärung genannt. Aber ist es in Wirklichkeit nicht genauso selbstherrlich, die Auseinandersetzung gar nicht mehr zu führen, auf die populäre Schrift, auf rhetorische Figuren wie das argumentum a contrario und argumentum ad hominem zu verzichten, um nur ja nicht in Verdacht zu kommen, man maße sich an, etwas besser zu wissen als die unmittelbar Betroffenen? Der Verdacht des Moralisierens, des Argumentierens von Verhaltensvorschlägen für andere, scheint im Moment das Schlimmste zu sein, was Künstlern und Intellektuellen nachgesagt werden kann. Ob freilich der Elitismus der noblen Enthaltsamkeit den Fragwürdigkeiten intellektuellen Verhaltens entgehen kann, möchte ich bezweifeln.

Mir will scheinen, die beiden Haltungen brauchen einander. Diejenigen, die sich weigern, ihr Denken oder ihre Kunst gesellschaftlichen Nützlichkeitskategorien zu unterwerfen, halten einen Freiraum der Kritik und des Kunstschaffens offen, der letztlich auch denjenigen, die zu wissen meinen, worum es geht, zugute kommt. Ein Denken und eine Kunst, die sich dem gesellschaftlichen Nutzen verschreiben, stehen immer in der Gefahr einer ideologischen Verblendung, einer selbst auferlegten Einengung ihrer Möglichkeiten. Umgekehrt verschafft erst das Engagement den Künsten und intellektuellen Denkweisen jene gesellschaftliche Plausibilität, die sie brauchen, um nicht unter der formalen Maxime der Freiheit von Kunst und Wissenschaft materiell ausgedorrt zu werden. Die Intellektuellen und Künstler, auch diejenigen, die gesellschaftliches Engagement ablehnen, sind darauf angewiesen, daß sich ein Teil ihrer Hervorbringungen einen gesellschaftlichen Stellenwert verschaffen kann, letztlich von nennenswerten Teilen der Bevölkerung als »brauchbar« empfunden wird.

Aux armes citoyens! Das war der Schlachtruf der Französischen Revolution, um Freiheit, Gleichheit und Brüderlichkeit zu unumstößlichen Prinzipien einer neuen Staatsform zu machen. Es dauerte lange, fast zweihundert Jahre, bis diese republikanischen Prinzipien in allen westeuropäischen Staaten installiert waren. Die Entwicklung war nicht geradlinig, sie verlief in einem ständigen Wechsel von Fortschritt und Niederlage. In der ersten Hälfte des 20. Jahrhunderts schien der Geist der Französischen Revolution in diversen Faschismen, vor allem natürlich im Nationalsozialismus völlig unterzugehen. Fünfzig Jahre nach der Befreiung vom Nationalsozialismus wäre nachdrücklich daran zu erinnern, daß der

Kampf gegen die Barbarei nicht nur von Armeen geführt wurde. Es war immer auch ein Kampf der Intellektuellen und Künstler.

Kein System, einerlei, ob die Mehrheit des Volkes kooperiert oder nur still ist, kommt auf längere Sicht ohne intellektuelle Legitimation aus. Wenn sich bedeutende Intellektuelle eines Landes in Opposition zur Regierung oder gar zum politischen System befinden, kann die Herrschaft selbst dann, wenn die Anzahl der Gegner, insgesamt gesehen, nicht sonderlich groß ist, damit beginnen, ihre Jahre zu zählen. In der Geschichte der DDR haben die Geschicke eines einzigen Gegners, nämlich Wolf Biermanns, auf die weitere Entwicklung größere Auswirkung gehabt, als das Verhalten tausender angepaßter Intellektueller. Eine Mischung aus Brutalität und propagandistischem Geschick kann einem autoritären Regime auf längere Zeit das Überleben sichern. Aber das Merkwürdige ist, daß die eingesperrten, des Landes vertriebenen oder ermordeten Intellektuellen oft gerade dadurch, daß sie aus dem öffentlichen Leben ausgeschaltet wurden, ihre stärkste Widerstandskraft entwickeln. Nelson Mandela zum Beispiel. Und wer weiß, ob es sich mit Ken Saro-Wiwa, dem ermordeten Schriftsteller aus Nigeria, nicht genauso verhält. Die in seinem Namen gegründete »Vereinigte Demokratische Front Nigerias«, unter dem Vorsitz von Literatur-Nobelpreisträger Wole Soyinka, deutet jedenfalls darauf hin.

Nach dem Zweiten Weltkrieg gab es in Westeuropa immer noch Diktaturen, in Griechenland, in Spanien, in Portugal. Hinzu kam ein ganzes System von Diktaturen in Osteuropa, vorübergehend erschüttert durch erfolglose Aufstände in Berlin, Budapest, Prag und Gdansk (Danzig). In den ersten Jahrzehnten nach dem Zweiten Weltkrieg war das politische Engagement von Intellektuellen eine Selbstverständlichkeit, ja gleichsam eine moralische Verpflichtung. Wie immer sie sich gegenüber den politischen Machthabern in ihrem Land verhielten, sie hatten ihren Standpunkt zu rechtfertigen. Schweigen konnte leicht als heimliche Zustimmung ausgelegt werden. In ganz Europa, im Osten und im Westen, waren die Schriftsteller Tag für Tag in verschiedenste politische Aktivitäten involviert. Sie schrieben nicht nur Bücher, sie hielten öffentliche Reden, organisierten Kundgebungen, gründeten politische Vereinigungen und bewarben sich um politische Ämter. Ob das ihren Büchern immer gut getan hat, ist eine andere Frage, wenngleich sie im Moment die einzige zu sein scheint, die noch interessiert. Der Politik jedenfalls hat es gut getan. Wie sähe in vielen lateinamerikanischen Staaten das Zeitungswesen aus, ohne die Schriftsteller, die sich, als es politisch notwendig wurde, nicht zu schade waren, vom hohen Roß der Kunst in die Niederungen des Journalismus herabzusteigen?

André Malraux war zehn Jahre lang französischer Kulturminister, Günter Grass war das intellektuelle Flaggschiff der deutschen Sozialdemokraten. Nach dem Ende der Franco-Diktatur wurde einer ihrer exilierten Oppositionellen, Jorge Semprún, Kulturminister von Spanien. Der Komponist Mikis Theodorakis war die Galionsfigur des griechischen Widerstands. Eine ähnlich Rolle fiel dem Liedermacher und Dichter Wolf Biermann in der DDR zu, auch und erst recht nachdem er in die DDR nicht mehr zurückkehren durfte. In den kommunistischen Staaten Mitteleuropas mit traditionellen Bindungen zum Westen, wie in Polen, in der Tschechoslowakei, in Ungarn, in Jugoslawien, gab es eine immer stärker werdende intellektuelle Opposition. Einer ihrer inhaftierten Exponenten, Václav Havel, wurde nach der demokratischen Revolution zum Präsidenten der Tschechoslowakei bestellt.

Eigenartigerweise kam es aber 1989, nach der Öffnung des Eisernen Vorhangs, zu einer Krise des politischen Engagements der Intellektuellen. Die einen zogen sich aus der politischen Debatte zurück, weil sie ihre Aufgabe erfüllt sahen, die anderen, weil sie die politische Orientierung zu verlieren begannen. Diejenigen, die gesagt hatten, das bürgerliche Egalitätsprinzip sei ein Betrug, wenn es mit sozialer und ökonomischer Ungleichheit einhergehe, waren oft genug blind gewesen für die politischen Verbrechen in den stalinistischen Ländern des Ostens. Andere, die das autoritäre System, das den Menschen nicht einmal Reisefreiheit gewähren wollte, bekämpft hatten, wußten als Alternative oft nichts anderes anzubieten als den weltweiten Triumph des Kapitalismus. Sie wären eigentlich im Moment die Sieger, aber in gewisser Weise sind sie es nicht.

Freiheit, Gleichheit, Brüderlichkeit, Menschenrechte – das sind keine naturgewachsenen Begriffe, sondern künstliche Produkte, ideelle Kreationen von Philosophen und Schriftstellern. Sie gründen auf der Idee der freien Persönlichkeit, auf der Grundlage eines über Jahrtausende erstrittenen Menschenbildes, das allein in diesem Jahrhundert schon mehrmals mit katastrophalem Ausgang preisgegeben wurde. Auch wenn das rationalistische Menschenbild längst fragwürdig geworden ist, auch wenn wir wissen, daß Begriffe wie Freiheit oder Gleichheit letztlich nichts sind als Behauptungen, so bleibt doch die Tatsache, daß auf solchen Behauptungen ein Haus errichtet wurde, das den (angestammten) Bewohnern ein beträchtliches Maß an Sicherheit bietet und ein friedliches Zusammenleben zumindest nicht verhindert. Daß es mir lieber wäre, wenn beim Aufbau unserer Gesellschaften die Idee der Gerechtigkeit den gleichen Stellenwert gehabt hätte wie die Ideen von Gleichheit und Freiheit, kann mich doch nicht davon abhalten, die Vorteile, die mir letztere gewähren, nicht nur theoretisch, sondern als Teil meines alltäglichen Lebens zu schätzen.

Diese Ideen sind also nicht nur intellektuelle Behauptungen, sie sind längst ein Teil der gesellschaftlichen Befindlichkeit geworden – und damit eine Voraussetzung des heutigen literarischen Schaffens. Wenn jemand im weißen Unschuldskleid der Semiotik die Meinung vertritt, wir seien in einem System von Zeichen gefangen, das wir nicht zu steuern vermögen, ist das wunderbar, solange der Staat diese unfreie Meinungsäußerung behandelt, als wäre sie eine freie. Oder wollen wir den ohnedies nie zu Ende gegangenen Kampf um das Recht des Schwächeren wieder mit frischer Intensität beginnen? Wollen wir uns ernsthaft noch einmal auf eine Diskussion darüber einlassen, für welche Menschen welche Rechte gelten sollen? Wer uns mehr wert ist, ein Hamburger Industriellensohn oder ein Flüchtling aus Nigeria?

Ich halte einen emphatischen Begriff der Subjektivität bei meiner Form von Arbeit für unerläßlich. Nicht daß ich behaupte, daß er der Wahrheit entspreche, ich halte ihn aufrecht als eine regulative Idee. Ich will meine Werke so lesen, als hätte ich sie selbst geschrieben. Und was ich an philosophischen Hilfskonstruktionen selbst brauche, will ich auch anderen zubilligen. Weiß ich, wozu sie ihren emphatischen Begriff der Subjektivität brauchen? Angenommen, ich würde in dieses Buch ein Kapitel von Derrida einschmuggeln. Hätte der Autor Verständnis, wenn ich mich auf Intertextualität beriefe? Oder würde sein Anwalt nicht eher darauf bestehen, daß in Wirklichkeit das Subjekt Derrida der Autor des Textes ist, eben jenes Subjekt, das behauptet, das Subjekt sei nicht mehr zu retten?

Ich brauche einen emphatischen Begriff der Subjektivität noch aus einem anderen Grund: Ich will, daß Machthaber für das, was sie tun, verantwortlich gemacht werden können. Zu groß ist die Gefahr, daß jene sich überlagernden Ordnungen der Zeichen, die auf semiotischer Ebene noch ganz harmlos klingen, im Politischen unter den Begriffen »Sachzwänge« und »Befehlsnotstand« wiederkehren.

Ich erhoffe oder erwarte nicht, daß Künstlern und Intellektuellen ein privilegiertes Urteil zugestanden wird. Für meinen Anspruch auf politische Einmischung reicht mir meine bescheidene Geschichtskenntnis. Und die besagt: Wenn wir die Idee der Universalität der Menschenrechte preisgeben, kann es leicht dahin kommen, daß ich bald selbst nicht mehr Bürger erster Klasse bin, sondern auch meine eigenen Menschenrechte verteidigen muß. Da ist es doch besser, ich helfe mit, dieses rechtliche Klassensystem abzuschaffen. Vom sozialen gar nicht zu reden.

Auch Demokratien bedürfen einer intellektuellen Legitimation, gerade weil sie nicht auf sicheren Wahrheiten gründen, sondern auf einem Konsens von Behauptungen aufgebaut sind. Stellt man die Behauptungen in Frage, was ja wohl eine wichtige Funktion von Intellektuellen ist, bleibt als Basis die Verfassung, die zum Glück mittlerweile langlebiger ist als die Zerfallsprodukte des mühseligen intellektuellen Diskurses.

Mit der bewußten Zerstörung des Universalitätsanspruchs von Menschenrechten scheint der Staat also nur nachzuholen, was intellektuell längst vollzogen wurde. Sobald man die Idee der Menschenrechte als Ausgeburt des abendländischen Logozentrismus durchschaut hat, ist es eigentlich nur folgerichtig, wenn die Festung Europa nur noch für Menschen mit dem richtigen Paß garantiert, im Sinne solcher Ausgeburten behandelt zu werden.

Das ist die zynische Version von Multikulturalismus: Wir wollen keine anderen Kulturen mehr »zwangsbeglücken«, nicht einmal mit Menschenrechten, dafür sollen auch sie uns gefälligst in Ruhe lassen und selber sehen, wo sie bleiben.

Die österreichische Sektion von amnesty international legte Anfang 1996 Bescheide vor, mit denen die Behörden Asylanträge zurückwiesen.

Ein Asylbewerberin aus Afghanistan wurde mit folgender Begründung vom österreichischen Bundesasylamt abgelehnt:

»Im Zuge der kriegerischen Auseinandersetzungen in Ihrer Heimat kam es auch in Ihrem Fall zu Übergriffen, jedoch sind diese nicht als Verfolgung im Sinne des Asylgesetzes 1991 zu qualifizieren. Sie gaben zwar an, daß Ihr Vater von Mudjaheddins getötet worden ist und Sie und Ihre Angehörigen ebenfalls Angst hatten, getötet zu werden. Abgesehen davon lebten Ihre Geschwister und Sie in ständiger Angst, von Mudjaheddins vergewaltigt zu werden. Hierzu führt die erkennende Behörde an, daß die Ermordung Ihres Vaters durch Mudjaheddins einen schweren Schicksalschlag für Sie bedeutet. Ungeachtet dessen, muß darauf hingewiesen werden, daß die Mudjaheddins Sie und Ihre Angehörigen gemeinsam mit Ihrem Vater hätten umbringen können, falls sie dies gewollt hätten. (...) Zu der von Ihnen angeführten allgegenwärtigen Gefahr, einer Vergewaltigung durch Mudjaheddins ausgesetzt gewesen zu sein und Ihrer begründeten Angst, daß (sic!) Leben zu verlieren, stellt die erkennende Behörde fest, daß es in Ihrem Heimatland in Folge des Bürgerkrieges andauernd zu Übergriffen, willkürlichen Vergewaltigungen und der Ermordung von Afghanen durch jede der derzeit kämpfenden Bürgerkriegsparteien kommt. Mithin kämpft jeder gegen jeden und kann jeder Opfer von willkürlichen gewalttätigen Aktionen sein.«

Einem Asylbewerber aus Zaire wurde vom Bundesasylamt folgendes bescheinigt:

»Sie nahmen am 16.2.1992 in der Hauptstadt KINSHASA an einem Marsch der Christen zum Stadion, an dem Tausende teilnahmen, teil. Dieser endete in einem Blutbad und mit Verhaftungen. Sie waren daraufhin ca. 20 Monate in Haft, ehe Ihnen die Flucht aus dem Gefängnis mit Hilfe der Priester Ihrer Pfarre gelang. Auf Anraten der Priester haben Sie Ihr Heimatland verlassen. Der von Ihnen erwähnte Marsch war eine verbotene Demonstration. Sie gerieten neben vielen anderen Teilnehmern in die Hände der Polizei und wurden in der Folge inhaftiert.

Es ist bekannt, daß Präsident Mobutu mit aller Härte gegen alle Personen vorgeht, die sich oppositionell arrangieren (sic!). Sie wurden als Demonstrationsteilnehmer festgenommen. Mit solchen Maßnahmen ist gegebenenfalls auch in Demokratien westlicher Prägung zu rechnen und werden solche Staatshandlungen auch von der Rechtsordnung nicht nur gedeckt, sondern sogar gefordert. (...)

Zu dem von Ihnen angeführten Schreiben, das Ihnen nach der 1. Entlassung ausgehändigt worden sein soll und eine Todesdrohung enthalten habe, stellt die Behörde fest, daß keine staatliche Institution auf dieser Welt sich solcher Mitteilungsformen zu bedienen pflegt. Solche Vorgänge sind jeder Erfahrung widersprechend – auch für Afrika. Die Behörde spricht Ihnen hierzu jedwede Glaubwürdigkeit ab. Demnach gilt diese Tatsache nicht als Verfolgung im Sinne der Genfer Flüchtlingskonvention.«

Und schließlich wurde gegen einen Bürger aus einem östlichen Nachbarland mit folgender Begründung ein Aufenthaltsverbot erlassen:

»Sie gehen derzeit im Bundesgebiet keinerlei erlaubten Beschäftigung nach, verfügen über kein Einkommen, genießen in Österreich keinerlei Versicherungsschutz und sind derzeit völlig mittellos. Ihr Aufenthalt läuft daher öffentlichen Interessen zuwider und ist geeignet die öffentlich Ruhe, Ordnung und Sicherheit, und besonders im Hinblick auf Ihre Mittellosigkeit das wirtschaftliche Wohl der Republik Österreich zu gefährden. Ein Fremder hat Verhaltensweisen zu vermeiden, die mit einem geordneten Fremdenwesen nicht vereinbar sind.

Das von Ihnen an den Tag gelegte Verhalten, läßt eine für Sie nur negative Zukunftsprognose und somit den Schluß zu, daß Ihr Aufenthalt im Bundesgebiet eine große Gefahr für die öffentliche Ruhe, Ordnung und Sicherheit darstellt.

Die Voraussetzungen für die Erlassung eines Aufenthaltverbotes sind daher gegeben.«

Deutlicher kann man es nicht ausdrücken.

# Zwölf

Noch vor dem gewaltsamen Tod von Jitzhak Rabin erzählte mir mein Wiener Kollege Doron Rabinovici folgenden Witz:

Bundeskanzler Kohl ist auf Besuch in Israel. In Tel Aviv fährt die Staatskarosse am Mann-Auditorium vorbei.

Kohl: »Es erfüllt mich mit Stolz, daß hier unserem großen Dichter Thomas Mann ein Denkmal gesetzt wurde.«

Rabin: »Das Gebäude ist nicht nach Thomas Mann, sondern nach Rand Mann benannt.«

Kohl: »Was hat der geschrieben?«

Rabin: »Einen Scheck.«

Kunst und Politik sind heute in Westeuropa weitgehend getrennte Sphären. Dennoch haben sie Berührungspunkte. Von der Politik aus gesehen, sind es kaum noch mehr als Fragen der Kulturpolitik und ihrer Finanzierbarkeit. Also Fragen der Aufrechterhaltung der Verwertungs- und Herstellungsbetriebe von Kunst. Die Zeiten, in denen sich Politiker im Rahmen ihrer Arbeit auf die Werke der Künste einließen, sind vorbei. Wenn sie überhaupt einen Bezug zu den Künsten für wichtig erachten, dann beschränkt sich ihr Beitrag im wesentlichen darauf, das schmucke Bild des abendländischen Kulturstaates aufrechtzuerhalten.

Von seiten der Kunst sieht die Sache jedoch anders aus. Von welcher Erfahrung könnte man mit Sicherheit behaupten, daß sie gänzlich jenseits der politischen Koordinaten läge? Von der

Liebe? Vom Tod? Lebt nicht ein Gutteil der Liebesliteratur gerade davon, daß Politik und Liebe sich in die Quere kommen? Und sind nicht die Arten des Sterbens, manchmal in direkter, vielfach aber in indirekter Weise von den politischen Umständen tangiert?

Unser Erfahrungsraum ist immer auch ein politischer. Man muß dem als Autor keine gesonderte Beachtung schenken, man kann aber nicht verhindern, daß die Erfahrung des Lesers solche politischen Koordinaten miteinschließt. Warum soll zudem ein Autor, dem Politisches wichtig ist, bei der Abfassung seines Textes nicht darauf Bedacht nehmen?

Keineswegs will ich vorschlagen, daß Literatur sich wieder auf direkte Weise ins politische Tagesgeschäft einmischen soll, zumal sich herausgestellt hat, daß ein ästhetisch avanciertes Kunstwerk, das nicht in erkennbaren politischen Zusammenhängen steht, auf längere Sicht mehr Widerstandskraft gegen die Zerstörung der menschlichen Integrität entwickeln kann als jede gut gemeinte Agitprop-Art. Aber verboten ist letztere natürlich nicht. Und vor allem hat sie selten den Anspruch erhoben, über die Zusammenhänge der Entstehung hinauszuwirken. Wem bestimmte rechtliche Standards einer Gesellschaft erhaltenswert erscheinen, dem kann es nicht verwehrt sein, sie mit seinen Mitteln zu verteidigen und durch die angeblich zweckfreie Kunst politische Zwecke durchscheinen zu lassen. Es macht durchaus Sinn, hin und wieder auch einen Teil seiner künstlerischen Energien der politischen Mitgestaltung der Gegenwart zu widmen.

Wer das tut, hat es im Moment nicht ganz leicht. Während die Leser im großen und ganzen nichts dagegen haben, wenn literarische Bücher auch die politische Gesinnung ihres Autors erkennen lassen, ist bei den Rezensenten in einem solchen Fall derzeit mit einhelligem Nasenrümpfen zu rechnen. Bis zu einem gewissen Grade kann ich das verstehen. Als Leser will auch ich nicht belehrt werden. Vor allem aber will ich das Gefühl haben, daß ich am Buch produktiv beteiligt bin, daß das Buch mich geradezu braucht, um verstanden zu werden. Bücher, die ihre eigenen Interpretationen vordergründig mitliefern, sind mir langweilig. Ich habe aber nichts dagegen, es kann sogar eine besondere Form von Brisanz ausmachen, wenn das, was ich bei der literarischen Lektüre erfahre, auch politische Aspekte hat, die zu entschlüsseln mir aufgegeben ist.

In der *Wochenpost* vom 15. Mai 1996 las ich eine Reportage über ein Berliner Asylbewerberheim. Die Autorin Edith Kohn schildert darin das beengte Zusammenleben von 275 Menschen aus dreißig Ländern und läßt sie ausführlich zu Wort kommen. Das Bild, das die Reportage zeichnet, ist äußerst unerfreulich. Die Menschen in diesem Heim sind Diebe, Drogendealer, Schwarzhändler, Huren und Rassisten. Und dann gibt es noch welche, vor allem Schwarze und Frauen, die sich vor den anderen hauptsächlich fürchten. Die Küche, die Gänge, die Toiletten, alles ist ständig versaut. Jeder verteidigt nur sein Territorium.

Was ich an dieser Reportage so bemerkenswert fand, ist der genaue Blick der Autorin, die ihr Material so aufbereitet, daß es für sich selbst spricht. Sie behandelt ein hochpolitisches Thema, enthält sich aber jeden politischen oder wertenden Kommentars. Was wir erfahren, sind Fakten und Lebensumstände, die uns als Orientierungshilfen dienen können, das Verhalten der Bewohner zu verstehen. Die beengten Verhältnisse, die Zufälligkeit des Zusammengewürfeltseins, die lange Dauer dieses Vegetierens, das Verbot, einer Arbeit nachzugehen.

Diese Reportage – Reportagen sind seit bald zweihundert Jahren ein Teil der Literatur – machte für mich das Bild einer Realität, für die ich mich schon länger interessiere, differenzierter, aber dabei auch wesentlich komplizierter, als ich es bisher wahrhaben wollte. Soll ich mich nun für Taschendiebe, Drogendealer und Rassisten einsetzen? Aber gerade das ist es, was Literatur zu leisten vermag: Die Darstellung einer Wirklichkeit, egal ob fiktional oder mit Namen und Adresse, der mit einfachen Wahrnehmungsrastern nicht beizukommen ist. Literatur vermag so tatsächlich, wie Peter Handke das für sich als Leser ausgedrückt hat, »aufmerksam und kritisch für die wirkliche Wirklichkeit« zu machen.

Flüchtlinge sind nicht so, wie wir sie gerne hätten, um bei Wohlstandsbürgern die Tränendrüsen und die Geldbörsen gleichzeitig zu öffnen. Die Umstände ihrer Flucht, meist schon die Voraussetzungen ihrer Flucht, haben sie vor allem eines gelehrt: Du mußt auf Teufel komm raus um dein eigenes Leben kämpfen. Menschen, die mit Mühe und Not ihre Haut retteten, sind hier zusammengemischt mit anderen, die stark genug waren für den Entschluß, den Weg ins Ungewisse einer trostlosen Misere vorzuziehen. Durch eine solche Mischung von Menschen wurde einst das Arbeitsethos und der Erfolg der Vereinigten Staaten von Amerika begründet. Bei uns werden sie monatelang in den Warteraum gesperrt und daran gehindert, irgendeiner Tätigkeit nachzugehen, auch wenn sie dabei niemandem den Arbeitsplatz wegnähmen.

Als ich die Reportage von Edith Kohn las, wünschte ich

mir, es fände sich ein Autor, der die Mühe der Recherche nicht scheute und ein Asylbewerberheim zum zentralen Schauplatz eines Romans machte. Ein solcher Roman hätte es nicht leicht. Die einen, die politisch »guten Menschen«, wie sie jetzt wohl genannt werden, würden ihm vorwerfen, er denunziere Flüchtlinge und arbeite damit den Rassisten in die Hände. Die anderen, die Wächter der hohen Kunst, würden mahnen, der Autor spekuliere zu deutlich mit dem Publikum, schmeiße sich zu aufdringlich an ein Zeitthema heran, noch dazu, wo er doch gar kein Flüchtling ist. Müssen wir also warten, bis aus solchen Asylbewerberheimen die ersten Schriftsteller hervorgehen. Wir werden dann aus den uns wohlbekannten Städten, aus Berlin und Wien, Geschichten lesen, als wären sie aus einer anderen Welt. Solche Geschichten werden, wenn wir Glück haben, ein Beitrag zur nächsten Aufarbeitung der Vergangenheit sein.

Vielleicht kommt ja John Irving auf Besuch nach Berlin, weil er dort für eine Frau, der er von seinen indischen Recherchen her zu Dank verpflichtet ist, bei der amerikanischen Botschaft intervenieren will. Wie der Zufall so spielt, lebt die Frau aber im Asylbewerberheim. Auf diese Weise käme die deutschsprachige Literatur doch noch früher zu diesem Roman, wenngleich in Form einer Übersetzung. In ihr würde vorne, bei den für amerikanische Bücher obligatorischen Danksagungen, auch der Name Edith Kohn erscheinen. Selbstverständlich wäre der Autor bei seinen Recherchen auf ihre Reportage gestoßen, hätte sie besucht und wie die sprichwörtliche Zitrone ausgequetscht. Und kein Wächter der hohen Kunst hätte gegen diesen Roman irgendwelche prinzipiellen Einwände. Schließlich ist der Autor Amerikaner, und bei denen ist man solche zeitgeistige Literatur, die den Alltag politisiert, mittlerweile gewohnt. Daß die Leser diese Art von Literatur mögen, gilt vielen ja als Argument dafür, daß nicht auch noch deutschsprechende Autoren sie verfassen müssen.

Der alten Behauptung, nach *Finnegans Wake* könne man keinen realistischen Roman mehr schreiben, kann man eigentlich nur widersprechen, wenn man abgehoben genug ist, um eine Diskussion über ästhetische Normen noch unterhaltsam zu finden. Die Behauptung wurde schlicht durch die Realität widerlegt. Aber deutsche Normen lassen sich eine Widerlegung durch die Realität prinzipiell nicht gefallen. Dafür sind sie ja durch die Schule des Idealismus gegangen und nicht durch die des Pragmatismus. Nach Joyce kamen immerhin noch Jorge Luis Borges, Jurek Becker, Imre Kertész und Michael Ondaatje, so wie nach Schönberg immerhin noch Duke Ellington, die Rolling Stones, Bob Marley und Arvo Pärt kamen. Und es gibt nicht wenige Menschen, die, entgegen der Normen ästhetischer Puristen, allen diesen Arten von Literatur und Musik etwas abgewinnen können.

Aus fernen ästhetischen Debatten mag uns noch in Erinnerung sein, daß unsere Arbeiten in der bescheidenen Öffentlichkeit, die sie erzielen, politisch nicht »unschuldig« sind. Sie leisten, ob sie es wollen oder nicht, einen Beitrag für die Befindlichkeit unserer Gesellschaften. Wir sollten uns nicht zuviel zumuten. Aber unsere politische Rolle gänzlich zu leugnen, wäre doch wohl zu bequem.

In jedem Kunstwerk, in jedem Akt der Kreativität steckt ein hypertrophes Selbstbewußtsein, ein hybrides Verhalten, ein versuchter Göttersturz. Emphatische Subjektivität, habe ich es oben genannt, und noch weiter oben: dichterische Willkür. Der künstlerische Akt suggeriert unabhängig von jeder speziellen ästhetischen Gestaltungsweise die Botschaft: Ich gestalte. Auch wenn es nur die Gestaltung des Zweifels ist. Auch wenn uns keine neue Welt anblickt, sondern nur die Trümmer der alten.

Diese klassische Position einer modernen Produktionsästhetik wird heute vielfach angezweifelt. Als Leser und Kritiker vermag ich diesen Zweifel zu teilen, von der Seite des Autors her nicht. Ich kann mir nicht vorstellen, daß sich ein Schriftsteller, der ein paar Jahre intensiv an einem Roman arbeitet, dabei vieles erprobt, verwirft und neu konzipiert, mit dem Gedanken anfreunden kann, nicht er schreibe den Roman, sondern er sei gleichsam nur das ausführende Organ eines intertextuellen Spiels.

Von der Seite des Lesers her kann man die Intentionen des Autors tatsächlich vernachlässigen. Was zählt, ist das Werk und der Kontext, in dem es sich entfaltet. Derjenige, der diesen Kontext herausarbeitet und dabei die gestaltende Subjektivität des Autors außer Betracht läßt oder gar in Abrede stellt, wird diese für sich jedoch in Anspruch nehmen: Es ist sein Denken, und es ist seine Erfahrung, die ihm ein Werk in dieser Weise erschließen. Er ist der Kritiker, der die Kritik gestaltet und solange daran feilt, bis er damit zufrieden ist.

Gestaltung trägt in sich die Behauptung von Autonomie. Diese Behauptung meint, sich die Hoffnung (oder auch nur die Illusion) aufrechtzuerhalten, unabhängig denken und handeln zu können. Autonom sein heißt, sich einen Möglichkeitssinn zu bewahren, nicht nur in der Literatur, in der Wirklichkeit überhaupt. Es heißt, daran festzuhalten, daß es inmitten von all dem vielen, das einfach geschieht, ohne daß man jemanden dafür verantwortlich machen kann, eigenes gibt, das nur deshalb so ist, weil ich es so gemacht habe. Alles Gestaltete, für das jemand zeichnet, und sei es ein Kollektiv, trägt diese Botschaft in sich. Es hätte auch anders gestaltet werden können. Und jede Kunstkritik, einerlei auf welchen Kriterien sie aufbaut, ob auf ästhetischen Normen, semiotischen Modellen oder schlicht auf subjektiven Empfindungen, trägt diese Botschaft weiter.

Kunst ist auf das Wechselspiel mit dem Publikum angewiesen. Dabei mag manches, was gerade noch für bedeutsam gehalten wurde, schnell wieder verschwinden, und anderes, das bislang kaum beachtet wurde, plötzlich Bedeutung erlangen. Letztlich sind es die Bedürfnisse der Rezipienten, die darüber entscheiden, was Kunst ist. Inwieweit Künstler auf diese Bedürfnisse Rücksicht nehmen sollen? Darüber kann es keinen allgemeinen Konsens geben. Auch jene Künstler, die es vermeintlich gar nicht tun, sind auf diese Bedürfnisse angewiesen – und gewöhnlich wissen sie über ihr Publikum ganz gut Bescheid. Mit Bedeutung oder Wert von künstlerischen Gebilden hat das Mitbedenken möglicher Rezipienten gar nichts zu tun. Ein Autor wie Shakespeare, dessen Stücke zu seiner Zeit populär waren und durchaus auch vom »gewöhnlichen Volk« rezipiert wurden, hat sich nun schon über Jahrhunderte in den Sphären der hohen Kunst halten können. Das eine muß das andere nicht ausschließen.

Unabhängig vom Wert, der sich letztlich nur am einzelnen Werk im Verhältnis zum Rezipienten festlegen läßt, bleibt die Tatsache, daß Kunst, wenn sie überhaupt wahrgenommen wird, eine Form von gesellschaftlicher Kommunikation ist.

Der Künstler ist somit nicht nur jemand, der ein Werk schafft, sondern er ist auch jemand, der der Öffentlichkeit etwas mitteilt. Er ist auf das Funktionieren dieser öffentlichen Kommunikationsform angewiesen. Ein bewußt individualistisches oder elitäres künstlerisches Schaffenskonzept bedarf einer liberalen Öffentlichkeit, die das Abweichen vom mainstream duldet. Damit kehren gesellschaftliche und politische Implikationen, die ein Künstler von seinen Werken vielleicht bewußt fernhalten wollte, oder gegen die er rebellierte, unter der Hand in seinen Tätigkeitsbereich zurück. Das hat für den einzelnen Künstler zunächst keine zwingenden Konsequenzen.

Es kann nicht darum gehen, die Künstler mit neuen Normen zu quälen. Vielmehr geht es darum, daß insgesamt denjenigen, die für ihre Kreationen der Öffentlichkeit bedürfen, der Zustand dieser Öffentlichkeit nicht egal sein kann. Ob Künstler darin eine Aufgabe erkennen, der sie sich stellen wollen, ist ihre Angelegenheit. Mit der Qualität ihrer Arbeiten hat das wenig zu tun. Sollte die Öffentlichkeit jedoch ihre liberalen Standards – wenn es denn wirklich schon Standards geworden sind – verlieren, können die Fleischhauer immer noch Fleisch verkaufen. Als Kunstsammler werden sie sich jedoch mit einer geringeren Auswahl begnügen müssen.

Was ich hier erzählt habe, sind im Grunde konservative Ansichten. Ich schäme mich fast dafür, weil sie so wenig Neues beinhalten. Andererseits ist es an der Zeit, mich dem, was ich tue, zu stellen. Die bürgerliche Gesellschaft zu verteidigen war bisher jedenfalls mein Fall nicht. Gerne würde ich dem alten Prinzip der Gerechtigkeit – oder nennen wir es, damit es nicht so biblisch klingt, Prinzip der Solidarität – zu größerer

Bedeutung verhelfen. Aber ich weiß nicht mehr, wie man das angehen soll. Weder für uns, noch für Serbien, schon gar nicht für die ganze Welt. Beim Weiterschreiben, so tröste ich mich, mag mir noch das eine oder andere dazu einfallen. Beim Lesen auch. Hin und wieder auch im Gespräch. Aber meist erst danach.

Neulich sagte jemand zu mir: »Schriftsteller werden nur noch diejenigen, die nicht kreativ genug sind für die Werbeindustrie.«

## Literatur

Theodor W. Adorno: *Ästhetische Theorie.* Hg. v. G. Adorno und R. Tiedemann. Frankfurt am Main 1970

Houston A. Baker, Jr.: *Black Studies, Rap and the Academy.* The University of Chicago Press. Chicago/London 1993

Reinhard Baumgart: *Addio. Abschied von der Literatur.* Variationen über ein altes Thema. München/Wien 1995

Harold Bloom: *Einflußangst. Eine Theorie der Dichtung.* Aus dem Amerikanischen von Angelika Schweikhart. Basel/Frankfurt 1995

Bertolt Brecht: *Schriften zur Literatur und Kunst.* In: Brecht, *Gesammelte Werke*, Bd. 19, Frankfurt am Main 1967

Peter Bürger: *Theorie der Avantgarde.* Frankfurt am Main 1974

Rudolf Burger: *Kultur ist keine Kunst.* In: *Wespennest. Zeitschrift für brauchbare Texte und Bilder.* Nr. 102, Wien 1996

Jacques Derrida: *Die Schrift und die Differenz.* Aus dem Französischen von R. Gasché und U. Köppen. Frankfurt am Main 1976

Johann Gottlieb Fichte: *Beitrag zur Berichtigung der Urteile des Publikums über die französische Revolution.* In der Reihe: Philosophische Bibliothek, Bd. 282, Hg. v. R. Schottky, Hamburg 1973

Hubert Fichte: *Hubert Fichte warnt vor sich.* In: Fichte, *Homosexualität und Literatur 1. Polemiken.* Frankfurt am Main 1987

– *Xango. Die afroamerikanischen Religionen. Bahia Haiti Trinidad.* Frankfurt am Main 1976

Ernst Hans Gombrich: *Kunst und Illusion. Zur Psychologie der bildlichen Darstellung.* Stuttgart 1978

Peter Handke: *Ich bin ein Bewohner des Elfenbeinturms.* Frankfurt am Main 1972

– *Publikumsbeschimpfung.* In: Handke, *Stücke.* 2 Bde., 1. Bd., Frankfurt am Main 1973

– *Mein Jahr in der Niemandsbucht.* Frankfurt am Main 1994

– *Eine winterliche Reise zu den Flüssen Donau, Save, Morawa und Drina oder Gerechtigkeit für Serbien.* Frankfurt am Main 1996

David Harvey: *The Condition of Postmodernity.* Oxford 1989

Georg Wilhelm Friedrich Hegel: *Vorlesungen über die Ästhetik.* In: Hegel, *Werke* in 20 Bänden. Red. E. Moldenhauer und K. Michel. Bd. 13–15, Frankfurt am Main 1970

Ernst Jandl: *Anmerkungen zur Dichtkunst.* In: Jandl, *Gesammelte Werke* Bd. 3: *Stücke und Prosa.* Hg. v. K. Siblewski. Darmstadt/Neuwied 1985

Immanuel Kant: *Critik der Urtheilskraft.* Berlin 1790. In: Kant, *Werke.* 11 Bde., Hg. v. E. Cassirer [u.a.]. Berlin 1912–22

Georg Lukács: *Probleme des Realismus I, Essays über Realismus.* In: Lukács, *Werke*, Bd. 4, Neuwied 1971

Hanns-Josef Ortheil: *Texte im Spiegel von Texten. Postmoderne Literaturen.* In: Literarische Moderne. Europäische Literatur im 19. und 20. Jahrhundert. rowohlts enzyklopädie, Hamburg 1995

Thomas Rothschild: *Relax and Enjoy. Die totale Infantilisierung.* Wien 1995

Friedrich Schiller: *Über die ästhetische Erziehung des Menschen in einer Reihe von Briefen* (1795). In: Schiller, *Werke in drei Bänden.* Bd. 2, Hg. v. K. Hamburger. Stuttgart 1965

Richard Shusterman: *Kunst Leben. Die Ästhetik des Pragmatismus.* Aus dem Amerikanischen von B. Ritter. Frankfurt am Main 1994

David Toop: *Rap Attack. African Jive bis Global Hip Hop.* Aus dem Englischen v. D. Diederichsen. St. Andrä-Wördern 1992

Uwe Wittstock: *Leselust. Wie unterhaltsam ist die neue deutsche Literatur? Ein Essay.* München 1995

# Anmerkung

In den Text wurden Ausschnitte aus dem Aufsatz *Aux armes citoyens!* eingearbeitet, der in der Anthologie *Was wird das Ausland dazu sagen?*, hg. v. Gerald Leitner, Picus Verlag, Wien 1995, erschienen ist.

*Hausdurchsuchung im Elfenbeinturm* war ursprünglich der Titel eines Vortrags, den Josef Haslinger im September 1995 in Salzburg beim Symposion »Literatur der inneren Emigration«, veranstaltet von der Universität Salzburg und der Theodor Kramer-Gesellschaft, gehalten hat. Teile dieses Vortrags wurden in den Essay aufgenommen.

Der gesamte Text wurde im Juni 1996 im Rahmen der *Wiener Vorlesungen zur Literatur* vom Autor vorgetragen.

Josef Haslinger

## *Opernball*

Roman

*480 Seiten. Leinen*

»Ich sah den Massenmord auf zwanzig Bildschirmen gleichzeitig.« Josef Haslingers Roman erspart den Lesern nichts. Die Gäste des pompösen Wiener Opernballs werden zum Ziel eines Terroranschlags. Ein Fernsehjournalist, der die Live-Übertragung aus den Ballsälen koordinieren soll, beobachtet das Verbrechen hilflos auf den Monitoren. Sein eigener Sohn ist unter den Opfern. Die Kameras laufen weiter und senden weltweit auf zahllose Bildschirme das Sterben von Tausenden. Das Attentat verändert die politische Landschaft. Der TV-Journalist versucht, von Trauer um seinen Sohn getrieben, die Hintergründe des Anschlags zu klären. Sie sind verworren, von Schlamperei und Zufällen geprägt. Mindestens so verworren wie das Weltbild jener kleinen Gruppe von »Entschlossenen«, die das Morden vorbereitete. Josef Haslingers Roman entwirft das Panorama einer vom Terrorismus bedrohten Wohlstandsgesellschaft. Das Buch hat die Spannung und Präzision eines Politthrillers. Es ist klar und unerbittlich geschrieben – so, wie jene Kameras das Sterben in den Ballsälen aufzeichneten. Der Roman zeigt die grotesken politischen Widersprüche auf zwischen Liberalität und Bedürfnis nach Sicherheit; den kaum kontrollierten Einfluß der Massenmedien auf Alltagsleben und Regierungsentscheidungen; das fatale Zusammenwirken von wiederaufflammendem Nationalismus, Fremdenfurcht und politisch motivierter Gewalt.

S. Fischer

fi 1813 / 3

Josef Haslinger

***Politik der Gefühle***

Ein Essay über Österreich

Band 12365

Als Kurt Waldheim für das Amt des österreichischen Bundespräsidenten kandidierte, wurde bekannt, daß er ehemals Mitglied des SA-Reitersturms war. Keineswegs sanken daraufhin seine Chancen für die Wahl. Im Gegenteil: Unter den Wählern stieg die Zustimmung für seine Person rapide an. Diese Tatsache macht Josef Haslinger zum Ausgangspunkt seines ›Essays über Österreich‹. Er versucht zu verstehen, welches Verhältnis zur demokratischen Gegenwart durch diese Wahl zum Ausdruck kam. Dabei interessiert ihn Waldheim letztlich nur als Repräsentant einer politischen Stimmungslage, als markantes Ergebnis eines bis heute virulenten gesellschaftlichen Klimas. Haslingers Analyse versucht gleichsam das psychosoziale Unterfutter zu sondieren, das Wahlentscheidungen wie die für Waldheim (oder Jörg Haider) möglich machen.

Fischer Taschenbuch Verlag

fi 1811 / 3

Josef Haslinger

*Das Elend Amerikas*

Elf Versuche über ein gelobtes Land

Band 11337

Amerikas Macht ist weltweit unangefochten – aber Glanz verbreitet sie nicht. Haslinger hat die USA über ein Jahr lang bereist. Sein Fazit ist ernüchternd: Ohne die Liberalität des Landes zu verleugnen, beschreibt er dessen soziale, kulturelle und wirtschaftliche Misere. Eine aktuelle Bilanz, die die Augen öffnet für ein anderes Amerika: Haslinger beschreibt den Höhenflug des amerikanischen Selbstwertgefühls nach dem Sieg im Golfkrieg, aber auch dessen Niedergang angesichts des inzwischen unübersehbar gewordenen wirtschaftlichen Desasters der USA, er analysiert die traditionelle Hingabe der Amerikaner für Prediger, Wunderheiler und Seelenmänner und folgt den Spuren der Auseinandersetzungen um »politisch korrektes Denken« (Political Correctness) an den amerikanischen Universitäten.

Fischer Taschenbuch Verlag

fi 1810 / 6

Josef Haslinger

*Der Tod des Kleinhäuslers Ignaz Hajek*
*Die mittleren Jahre*

Zwei Novellen

Band 12917

Josef Haslinger wagt sich in seinen beiden Novellen an die großen Themen des Menschseins heran: an Liebe und Tod, Hoffnung und Niederlage, Schuld und Angst. Erzählt wird die ergreifende Geschichte des Kleinhäuslers Ignaz Hajek, der durch Verzicht und Entbehrungen eine alte (Liebes-) Schuld abgetragen hat, sowie seines Sohnes Josef, dem sich in der Konfrontation mit der wahren Herkunft die Chance eines Neuanfangs auftut. Erzählt wird außerdem die Geschichte des Bauern Gruber, der nach einem mühseligen Leben knapp fünfzigjährig an Krebs stirbt. In einer leisen, scheinbar kunstlosen Sprache gelingen Josef Haslinger Biographien und Milieuschilderungen, die sich tief ins Bewußtsein graben.

Fischer Taschenbuch Verlag

fi 1814 / 3